世界はなぜ反動化するのか

難破する精神

マーク・リラ Mark Lilla
会田弘継 監訳／山本久美子 訳

NTT出版

同伴者《コンパニヨン・ド・ルート》のA・SとD・Lへ

目次

・［　］は著者、〔　〕は訳者による補注である。

・本文中で引用ないし、言及されているテクストのうち、邦訳のあるものについては可能な限り参照し、書誌情報を補った。

THE SHIPWRECKED MIND

難破する精神

はじめに　難破する精神

在りし日の姿をよく知る目には、まったく元通りということはありえない。
ジョージ・エリオット

「反動」はどこから来たのか

反動とはなにか。「革命」についてなら、まともな大学図書館に行けば世界主要言語で書かれた書物が優に数百冊は見つかるだろう。だが、「反動」となると十冊見つけるのにも苦労する。革命はなぜ起きるのか、どうすれば成功するのか、なぜ若者を夢中にさせ、ついには破滅に追いやるのか。さまざまな理論にあふれかえっている。だが、反動については、そんな理論は見当たらない。暗い動機にではないにしろ、無知と頑迷さに根ざしたものだという勝手な思い込みがあるだけだ。これにはとまどう。二世紀にわたって世界中で政治運動を引き起こしてきた革命の精神は死に絶えてしまったかもしれないが、それに対抗しようと立ち上がった反動の精神は生き残って、中東からアメリカ中西部まで、まさに強力な歴史の力であることを証明している。このアイロニーは好奇心をそそるべきところだが、ある種のひとりよがりな憤りを呼び起こすにすぎず、それもやがて絶望に変わってしまう。反動家は社会の片隅で地道に研究される最後に残った「他者」である。われわれはその他者を知らない。

「反動」という言葉は興味深い歴史をもつ。ヨーロッパの政治思想の用語としてはじめて使われるようになったのは一八世紀のことで、アイザック・ニュートンの科学論文から取られた。大きな影響を与えた『法の精神』で、シャルル・ド・モンテスキューは政治的生活を終わりのない一連の行動と反動としてダイナミックに描きだした。[1] 彼はそのような政治行動のひとつとして革命を見たが、稀にしか起きず、予測できないものだと考えた。君主制を民主主義に変える革命もあれば、民主主義を寡頭政治にしてしまう革命もある。革命の結果や、革命からどのような反動が生じるかを予測することはできなかった。

「革命」と「反動」の意味を変えたのはフランス革命だった。暴動がパリで勃発するや、目撃者たちはさまざまな物語を編み出して、世界史の中心に革命を据えようとした。ジャコバン派は暦を革命元年にリセットして断絶を強調し、さらに月の名前もすべて変えて、市民が過去と現在を混同しないようにした。それまでの歴史はすべてこの出来事への準備段階としての意味をおび、いまやあらゆる将来の行動は歴史のあらかじめ定められた目的、つまり人類の解放という目的へと向けられた。では、解放された後の政治的生活とは、どのようなものだったのか。G・W・F・ヘーゲルは近代的な官僚制による国民国家の創設であると考えた。カール・マルクスは朝には釣りをし、午後には家畜を育て、夕食後には批評をする自由人が住む国家なき共産主義を想像した。だが、このような違いはさほど重要ではない。重要なのは、二人ともそれらの到来が避けられないと確信していたことにある。時間という川は一方向にのみ流れる、と彼らは考えた。上流へ逆流させるのは不可能だ。ジャコバン時代に、川の流れに抵抗したり、目的地へ到着するのに十分な情熱を示さなかった人々は、皆「反動家」のレッテルを張られた。こうして反動という言葉はネガティブな道徳的意味あいを獲得し、今でも同じ意味で使われている。

しかし、一九世紀を通じて、フランス革命の批判者がすべて、正確な意味で、反動家であるとはかぎらないことは明らかだった。作家・政治家のバンジャマン・コンスタン〔一七六七～一八三〇〕、批評家のアンヌ・ルイーズ・ジェルメーヌ・ド・スタール夫人〔一七六六～一八一七〕、思想家・政治家のアレクシ・ド・トクヴィル〔一八〇五～一八五九〕といった改革派自由主義者たちは、アンシャン・レジームの崩壊は避けられなかったもしれないが、恐怖政治は避けられたと判断した。つまり、人類を解放するというフランス革命の約束はまだ履行されるかもしれなかったのである。

イギリスの思想家・政治家のエドマンド・バーク〔一七二九～一七九七〕のような保守主義者は、フランス革命の急進主義、とりわけ後に革命をめぐって発展した歴史主義の神話を拒否した。バークは歴史主義の考え方を非人間的な力とみなした。その力はわれわれを定められた目的地へ運んでゆくが、そこは偽りと危険に満ちている。というのも、その力は未来の名の下に犯罪を正当化するのに利用されるからである（自由主義者と社会主義者の改革派にとっては、人が受け身になるというさらなる心配があった）。バークにとって、歴史とは、長い時間をかけてゆっくりと無意識のうちに発展するものだった。結果はだれにも予測がつかない。もし時間が川ならば、それは数百もの支流が想像しうるあらゆる方向へ伸びているナイルデルタに似ている。困った事態がはじまるのは、歴史がすでにどこへ向かっているのかを、支配者や与党が予想できると考えるときである。これを見事に示したのがフランス革命だった。ヨーロッパの専制政治を始末する代わりに、あっという間に、コルシカ人の将軍ナポレオンを皇帝にし、近代のナショナリズムを生みだすという意図しない結果に終わってしまった。ジャコバン派のだれひとりとして予見しなかった結末だ。

「時間」の亡命者たち

反動家は保守主義者ではない。まずこの点を押さえておこう。反動家たちは、彼らなりに、革命家たちと同じように過激であり、同じように強力に歴史的な想像力に支配されている。救済による新たな社会秩序と人類の活性化という千年王国への期待が革命家たちに希望を与える。新たな暗黒時代がはじまるという黙示録的な恐怖が反動家を苦しめる。カトリック思想家のジョゼフ・ド・メーストル〔一七五三〜一八二一〕のような初期の反革命思想家にとっては、一七八九年は栄えある旅の終わりであり、そのはじまりではなかった。驚くべき速さでカトリックヨーロッパという強固な文明が壮大な難破船と化してしまった。これは偶然ではありえなかった。それを説明するために、メーストルや彼の多くの追随者たちは一種のホラー・ストーリーの巧みな話者となった。しばしばメロドラマ的に語られたその物語は、数世紀におよぶ文化的・知的発展が啓蒙思想とともに頂点に達し、アンシャン・レジームを内側から腐敗させ、その結果、異議を申し立てられるや、粉々になったというものだった。この物語がヨーロッパの反動的な歴史学のひな型となり、すぐに世界中に広まった。

昔と今とを比べて必ず因果関係を見ようとするのは、反動家の信条のようなものだ。反動家の物語は幸福な、秩序ある状態からはじまる。人々は場をわきまえ、調和ある暮らしをし、伝統と神に従っている。ところが、作家、ジャーナリスト、大学教授といった知識人が推進する異質な考えが調和に挑み、支配階級の秩序を維持する意志が弱まる（エリートの裏切りはあらゆる反動主義的物語の要である）。偽りの意識がまもなく社会全体に浸透し、社会は進んで、時には喜んで、破滅へ向かう。在りし日の姿を忘れずにいる人々のみが、なにが起きているのかを理解している。社会が方向転換するのか、それとも破滅へ突き進むのかは、まったく彼らの抵抗次第である。今日、本質的に同じ物語が、政治的なイスラーム主義者、ヨーロッパのナショナリスト、アメリカの右翼の間で、イデオロギーとして語り継がれている。

反動家の精神は、難破する精神である。他の人々が時間の川がいつもと同じように流れるのを見るところに、反動家は楽園のがれきが目の前を通り過ぎてゆくのを見る。彼は時間の亡命者である。革命家は他の人々には見えない輝ける未来を見て興奮する。近代の虚妄など受けつけない反動家は過去に栄光を見て興奮する。彼は敵よりも強い立場にいると感じる。というのも、実際に起こったことの守護者であり、起こりうるかもしれないことの予言者ではないと信じているからである。これが反動主義的文献を貫く奇妙に陽気な絶望、明白な使命感を説明する。まさに反動的なアメリカの雑誌『ナショナル・レヴュー』〔アメリカの保守主義の牙城である隔月誌。一九五五年にウィリアム・ジェフ・バックリーJr.によって創刊された〕が創刊号で示したように、その使命とは「歴史の流れを遮り、止まれ！　と叫ぶこと」である。この闘争的ノスタルジアこそが、反動家をはっきりと近代的存在にする。反動家は伝統に帰るだけではないのだ。

　革命的な政治が行われているわけでもないのに、反動の精神が生命力を保ち続けるのは闘争的なノスタルジアのせいだ。今日、世界のどこであれ、近代的な生活を送るとは、絶え間のない社会や技術の変化にさらされることを意味し、心理的には、永遠の革命を生きることに等しい。残念ながら、あらゆる形あるものは溶けて霧散し、あらゆる聖なるものは世俗のものになる、と述べたマルクスは正しかった。彼の唯一の間違いは、資本主義の廃棄だけが世界に重みと神聖さを回復できると考えた点にある。永遠にそれ自体を近代化する性質をもった近代《モダニティ》そのものをとことん非難するとき、反動家は英雄的な存在に近くなる。近代化のプロセスを前にした不安はいまや普遍的な経験である。それゆえ、反近代的な反動の観念が、世界中で歴史に裏切られたという思いだけを共有するさまざまな信奉者たちを惹きつけているのである。あらゆる大きな社会変動は新たなエデンの園を後に残し、だれかのノスタルジアの対象となる。そのうえ、現代の反動家たちはノスタルジアが強力な政治的な動因、おそらく希望よりも強力な動因となりうることを発見してしまった。希望は裏切られるのに対し、ノスタルジアには反論できない。

反動の文学を求めて

近代の革命家の精神は偉大な文学のテーマとなった。だが、反動家にはまだ、ドフトエフスキーもいなければ、コンラッドもいない(1)。不道徳で性的に抑圧された司祭、サディスティックな右翼の悪党、権威主義的な父親や夫は、文学や映像文化ではおなじみの戯画である。これらがあちこちに出てくるのは、保安官に白い帽子を被せ、強盗には黒い帽子を被せるといったB級映画の類いの怠惰な想像力のしるしだ。だが、政治に関与する反動家は、活動する革命家と同じように、情熱やわかりやすい仮説によってつき動かされ、同じように洗練された理論を打ち立てて、歴史の経過を説明し、現状を明らかにする。革命家が思考するのに対し、反動家はただ反動するだけだとみなすのは、偏見以外の何物でもない。近代史を理解するには、反動家の政治的ノスタルジアが近代史の形成に果たした役割を理解する必要がある。また現代の意味を理解するには、精神的亡命者である反動家が、革命家と同じように、現代に安住している人々よりも明確に現代の意味を理解していることがあると認める必要がある。われわれには、反動家がなにを望み、なにを怖れ、どんな仮説や信念を抱いているのか、なにが見えていないのか、さらには、彼らの洞察力をも理解する義務がある。

本書はとても慎ましやかな始まりにすぎない。過去二〇年にわたる気ままな読書の成果で、反動の概念の体系的な論考ではなく、いくつかの例について私が考えたことを並べてみただけだ。しばらくの間、私は何人かの模範的な知識人が二〇世紀のイデオロギーのドラマに押し流されるのを研究することで、そのドラマをより良く理解しようとしてきた。二〇〇一年に私は『シュラクサイの誘惑――現代思想にみる無謀な精神』（*The Reckless Mind*）を上梓したが、これは伝記的エッセイ集であり、対象としたのは、ナチスドイツ、ソヴィエト連邦、中国、神政主義のイラン共和国といった近代の僭主制の現実を支持したり甘くみたりする誘惑に負けた思想家たちである。(2) 私は僭主制愛好症と呼ぶべきものを明らかにしようとした。知識人たちは、自らの思想を政治的に実現してくれると想像した僭主たちに対してナルシストのように惹かれてしまうのだ。

その本を書いている間に、私は二〇世紀の政治思想家たちやイデオロギー運動の想像力をかたちづくった異なる力に気づきはじめた。それは政治的ノスタルジアだった。ノスタルジアはフランス革命以降のヨーロッパ思想に雲のようにとりつき、完全に消えることはなかった。とくに第一次世界大戦の直後に強力になり、一七八九年のフランス革命の反対者たちが感じたのとよく似た「現存する文明の終わり」という絶望感を引き起こしたのだった。第二次世界大戦が勃発し、ショア〔ヘブライ語でホロコーストを意味する〕が明らかになり、核兵器の使用と拡散が起き、苦悩は深まるばかりだった。この一連の大惨事に対するなんらかの説明がどうしても必要となった。そこで、哲学者、歴史家、神学者といった一群の思想家たちが説明をしはじめた。最初に出たのはドイツの哲学者・歴史学者のオスヴァルト・シュペングラーによるひじょうに大きな影響力を持った研究、『西洋の没落』（一九一八～一九二三）だった。[2] 文明の衰退を信じる人々が競いあって彼のまねをした。だれもが西洋の運命を定めた決定的な考えや出来事を発見したと主張した。一九五〇年代以降にヨーロッパとアメリカの右翼の間で、そうした本や論文を書くのが流行りになってたくさん発表された。似たような論法は非主流派左翼の間にも見られ、黙示録的なディープエコロジスト、反グローバル主義者、反成長主義の活動家たちが二一世紀の反動家たちの仲間入りをした。あまり知られていない話ではあるが、シュペングラー独特の歴史的解釈の痕跡が、過激な政治的イスラーム主義者たちの著作にも現われる。世俗的な西欧が頽廃しきったのに対し、イスラーム主義者が描く、勢いを増して復活したイスラームはかならず勝利するという物語には、いたるところにヨーロッパの手垢がついている。

　本書は二〇世紀はじめの三人の思想家、フランツ・ローゼンツヴァイク、エリック・フエーゲリン、レオ・シュトラウスについてのエッセイではじまる。彼らの仕事は近代のノスタルジアに満ちている。ローゼンツヴァイクは三人のなかでもっとも政治色が薄い。ドイツ系ユダヤ人で、はじめはヘーゲルの政治思想を研究したが、第一次世界大戦の直前に哲学を捨て、その短い生涯の残りをユダヤ思想と実践を甦らせることに捧げた。彼のノスタルジアは複雑である。ユダヤ教が近代のヨーロッパ社会に場を見出せないのは、キリスト教に根ざす歴史的進歩という、近代的な考えにあわせて改革しようとしたことから来ていると確信していた。とはいえ、彼は素朴な、前近代的な正統派への回帰が可能だとも、望ましいとも思っていなかった。彼は歴史に背を向けて、ユダヤ教の生き生きとした超越的本質をふたたび把握する「新たな思考」を提唱した。「一九世紀的な意味での歴史に対する戦いは、われわれにとって、二〇世紀的な意味での宗教を求める戦いになる」。

フェーゲリンとシュトラウスのエッセイは対になっている。二人とも一九三〇年代にヨーロッパを逃れ、戦後アメリカで成功を収め、熱狂的な支持者を獲得した。大勢の同時代人のように、彼らは民主主義の崩壊と全体主義の勃興は、思想上の厄災ともいうべき断絶に起因することを明らかにするのが緊急課題だと考えた。その断絶の後に思想的・政治的衰退が起きたと見ていた。宗教と政治についての膨大な著作のなかで、フェーゲリンは最終的に古代の宗教的グノーシス主義が、西欧に悲惨な道をたどらせた力だったという見解に落ち着いた。他方、シュトラウスはプラトンからフリードリヒ・ニーチェにいたる哲学者の綿密な研究に基づいて、微妙でより深い西洋哲学史の説明を展開した。彼の見方では、ルネサンス期の思想家ニッコロ・マキャヴェッリが哲学の伝統内に決定的な歴史的断絶をもたらし、純粋な瞑想と政治的な分別から自然を意のままに征服することへと哲学の使命を変えてしまった責任を負う。フェーゲリンとシュトラウスの西洋思想史の説明は相いれないが、二人とも右派のアメリカ知識人の歴史的想像力をかたちづくるのに影響を及ぼした。この二人の物語にはアイロニーがないわけではない。右派知識人たちが失われたアメリカを理想化し、その破壊をヨーロッパ的観念のせいにする物語づくりを学ぶにあたって、二人は知らず知らずのうちにまさにヨーロッパ的な文化悲観主義を再生産してしまったからである。その完璧な見本がシュトラウスの弟子の哲学者アラン・ブルーム〔一九三〇〜一九九二〕のベストセラー『アメリカン・マインドの終焉』〔一九八七年〕だ。[3] ヨーロッパのニヒリズムの破壊力についての数章の後で、自信たっぷりの宣言に行き当たる。「ニュールンベルクであろうとウッドストックであろうと、原理は同じだ[4]」。

　これらの思想家のエッセイにつづいて、二つの同時代の知的運動を考察する。ひじょうに異なる目的のためにではあるが、そのレトリックもまたノスタルジアを暗黙のうちに利用している。まずとりあげるのは神権政治保守主義《セオコン》、アメリカの右派のなかで目立つ一派で、伝統的なカトリック教徒、福音派のプロテスタント、新正統派のユダヤ人が結集している。彼らは教義上の相違にもかかわらず一致して、アメリカ文化の衰退と頽廃を徹底的に非難する。その責任は各宗派内の改革運動と、宗教一般への世俗的な攻撃ともいうべきものに原因があると見る。彼らはアメリカの政治・宗教史における重大な切断点としての「一九六〇年代」に注目する傾向にあるが、より野心的なセオコンはさらに下って、中世のカトリック神学にまで遡り、危うい下り坂がはじまった時点を特定する。

次にとりあげるのは、まったく異なる視点から宗教に焦点を当てる、小規模だが興味深いアカデミックな極左運動である。その擁護者たちは過去の革命運動に、ときには二〇世紀の全体主義的状態にすら、ノスタルジックな視線を向ける。共通するのはみな「政治神学」に魅了されていることであり、そのもっとも著名な理論家は元ナチスの法学者カール・シュミットである。(3) マルクス主義の歴史理論と決定論的な唯物主義には見切りをつけたが、一九八九年以降の新自由主義的コンセンサスを拒否した彼らは、いまや明白な歴史の流れに逆らって新たなドグマを啓示し、新たな秩序を課す神学政治的な「出来事」として革命を考えている。彼らの目には、聖パウロ、レーニン、毛沢東の間に深い親和性がある。

以上の章につづくのは、二〇一五年一月にパリで起きた事件、フランス生まれのジハーディストによる無差別テロ襲撃事件についてのエッセイである。当時、私はたまたまパリに住んでいて、事件とその余波のうちに二つの形態の反動が出会うことに衝撃を受けた。一方には、十分な教育を受けていない殺人者が空想する、栄えあるイスラーム教徒の過去へのノスタルジアがあり、現代カリフ国家による世界支配の夢に駆り立てられている。他方には、フランス知識人たちのノスタルジアがある。彼らはフランスの衰退と、文明に対する挑戦を前にして自らを主張できないヨーロッパについてのあきらめの思いがテロによって裏付けされたと思っている。これらの事件はそうじて二つの世界大戦の戦間期を思い出させる。政治的主張の違いを越えて共有された、不安に満ちた文化悲観主義が、政治的暴力という現実と破滅に向かって進む歴史という幻想によってますます強まった時代である。

最後に、黄金時代を甦らせようとしたドン・キホーテの悲喜劇的な探求を手はじめに、政治的ノスタルジアという心理が、どうして持続する力を持っているのか考えてみる。政治的ノスタルジアは歴史についてのある種の魔術的な思考の反映だ。この病に罹った者はかつて確固とした黄金時代というものが存在していて、それがなぜ終わったのかについて深い理由を知っていると信じている。だが、近代の革命家が進歩と目前の解放を信じて行動するのとは違い、ノスタルジックな革命家は未来をどうとらえ、現在においてどう行動すればいいのか自信をもてないでいる。彼はたんに引きこもり、内なる移民となって、密かに抵抗すべきなのか。それとも、あらゆる栄光のうちにある過去へと戻るために先頭に立って反撃すべきなのか。あるいは、さらにいっそう栄光ある未来に向けて努力すべきなのか。これらの可能性すべてに挑むのがドン・キホーテである。彼の個人的な探求は現代のさまざまな政治ドラマ全体の背後にある観念や情熱について、社会的、経済的、文化的な力のどんな学術的な分析よりも多くのことを教えてくれる。このような力は人間の主観的な見方や、事物を理解するのに使う観念やイメージによって濾過されてはじめて力をもつことを、われわれは忘れてしまったようだ。個々の精神《プシケ》に魅了されればされるほど、国家、民族、宗教、政治運動に潜む集団心理学を理解できなくなる。現在がこれほどまでに解読できないものになってしまったことは、少なからず、この不均衡による。本書はそれを正すささやかな貢献として構想された。

第 I 部

反動の思想家たち

THINKERS

1

フランツ・ローゼンツヴァイク——宗教を求める戦い

第二神殿は第一神殿とは似ても似つかなかった。
ジョン・ドライデン

ユダヤ教への回帰

フランツ・ローゼンツヴァイクは、一八八六年のクリスマスにドイツのカッセルの同化ユダヤ人家庭に生まれた。ローゼンツヴァイク家には、代々ユダヤ教を学ぶ長い伝統があったが、安息日すら守らない家庭に育ったフランツは、ユダヤ的生活について浅薄な知識を持ち合わせるにすぎなかった。家族は彼が医者になることを期待したが、フライブルク大学に入学すると、後に博士論文の指導を受けた、著名な歴史学者のフリードリヒ・マイネッケ〔一八六二〜一九五四〕の影響で、哲学と近代史に興味が移った。第一次世界大戦にいたる数年の間に、優秀な学生であったローゼンツヴァイクは典型的な学者の道を歩んでいるように見えた。

しかし、密かに、彼は学問では解決できない宗教的・哲学的問いに心を奪われていた。ユダヤ人の親友や親戚の多くがキリスト教に改宗していた。それも社会的に生きやすくなるからという通り一遍の理由からではなかった。二〇世紀はじめに、セーレン・キェルケゴール的な気分がドイツ知識人の生活に蔓延していた。政治的統合、豊かなブルジョワ文化の開花、近代的な科学観の勝利によって、なにか本質的なものが消滅しつつあり、それを取り戻すには、宗教的な飛躍が必要とされるという感覚である。この時代の気分を、当時影響力のあった一冊の本のタイトルがうまくとらえている。プロテスタント神学者、ルドルフ・オットー〔一八六九〜一九三七〕の『聖なるもの——神的なものの観念における非合理的なもの、および合理的なものとそれとの関係について〔1〕』〔一九一七年〕である。ローゼンツヴァイクはこの彼岸への誘いに惹きつけられ、とくにキリスト教に改宗したユダヤ人で、後にアメリカで歴史家として活躍することになる、友人のユージン・ローゼンストック＝ヒュッシー〔一八八八〜一九七三〕の影響を受けた。ローゼンストック＝ヒュッシーは、会話や手紙をとおし、歴史的にいってキリスト教がもっとも完全な最後の宗教である、と説得を試みた。これが功を奏して、一九一三年の夏に、ローゼンツヴァイクも改宗すると宣言した。新約聖書は真理であり、「ただイエスの道のみがある」といって母親を驚かせた。

その後に起こった出来事はいまでは伝説じみている。伝えられるところによれば、キリスト教に改宗する直前に、ユダヤ教徒として最後の贖罪の日《ヨム・キプル》〔ユダヤ教最大の休日の一つ。一日中断食してあがないの祈りを捧げる〕の儀式に参加した。そこで改宗を未然に思いとどまるなにかを経験し、その場で、ユダヤ教に身を捧げる決意をしたのである。ともかく、これがローゼンツヴァイクの母親による説明だ。彼自身はこの出来事についていっさい書いていないが、もし書いたとしても、このようにメロドラマ的なキリスト教の覚醒のようなものとして描写したとは思えない。しかし、手紙からわかるのは、一九一三年の秋に、なにか重要なこと、改宗した従兄弟の一人に宛ててこう手紙を書かせるなにかが起こったことである。「私は決意を翻しました。もはや改宗の必要を感じません。私が今の私であるかぎり、改宗はもはや不可能です。私はユダヤ教にとどまることにしました」。

ローゼンツヴァイクは約束を守った。同年秋に、著名な新カント主義者のヘルマン・コーエン〔一八四二〜一九一八〕のもとに通いはじめた。コーエンはマールブルク大学を退官後、ベルリンのユダヤ教学アカデミーで哲学を教えていた。そこでローゼンツヴァイクはヘブライ語とタルムード〔モーセによって伝えられた口伝律法のこと〕を学んだ。また宗教哲学者のマルティン・ブーバー

〔一八七八～一九六五〕にもそこで出会った。生涯の友にして協力者となったブーバーは、ユダヤ教の本質について論考を書きはじめていた。戦争がはじまると、ローゼンツヴァイクは比較的穏やかなマケドニア前線の対空部隊へ送られた。おかげで、勉強する時間がとれ、スペイン系ユダヤ人《セファルディ》たちとの出会いもあり、素朴で敬虔な生活に深く感銘を受けた。マケドニアにいる間、『救済の星』〔2〕と後に呼ばれることになる本に着手して、「新たな思考」と呼んだものを実践し、ユダヤ人経験を説得力はあるが風変わりな仕方で説明した。本のためのメモは母親宛ての絵葉書に書き写して保存し、戦後、それから内容を再現して本を出版した。

『救済の星』の編集作業をしていた一九二〇年に、ローゼンツヴァイクはフランクフルトに新たに設立されたユダヤ教の研究センター、自由ユダヤ学舎の所長として招聘された。ヴァイマール時代に短期間起きたユダヤ文化ルネサンスにもっとも重要な役割を果たした場である。ローゼンツヴァイクはまた、いまでも基礎研究として参照される、ヘーゲルの国家論についての博士論文を出版することで、最初に目指していた学究生活の人生に終止符を打った。彼の指導教官マイネッケはこの論文がいたく気に入り、大学の講師職を与えたが、断られた。途方に暮れたマイネッケに宛てた情熱的な手紙で、ローゼンツヴァイクは、一九一三年の精神的危機によって自分の人生は「『私のユダヤ教』と呼ぶことでたんに名指していいるにすぎないとわかっている、『暗い衝動』に駆られた、と説明した。このとき以降、知の探求は彼にとってますます虚しく見えた。生き方を探し求める生身の個人の役に立つものを求めていたのだ。翌年『救済の星』が出版され、わずかな、見当外れの書評が出たときも、ローゼンツヴァイクは冷静に受けとめた。生活の中心はもはやユダヤ思想ですらなく、ユダヤ的生活そのものの再生にあった。

フランクフルトの研究センターは一九一九年から一九二六年まで存続した。教師と学生は、未来のユダヤ教学者から社会心理学者のエーリヒ・フロム〔一九〇〇〜一九八〇〕やレオ・シュトラウスといった世俗的な思想家とさまざまだったが、みな、同化した生活から、近代哲学や改革神学の媒介なしに、直接ユダヤの伝統の源と出会うよう導く、厳しいカリキュラムのもとで学んだ。しかし、この貴重な試みがはじまってまもなく、ローゼンツヴァイクは病に倒れた。退行性の症状、筋萎縮性側索硬化症（ルー・ゲーリック病）だった。医者は余命一年を宣告した。

医者の予言に反して、ローゼンツヴァイクは七年生き延び、想像しうるにもっともつらい状態にあって、着々と論考、書評、翻訳を生みだした。はじめの頃は、特別に誂えたタイプライターで執筆していたが、筋力が衰えると、アルファベットの書かれた板紙のうえで妻が文字を指差すのに合わせ、まばたきして彼女と会話した。この手法により、アパートメントから一歩も出ることなく、中世の思想家イェフダ・ハレヴィ〔一一四一年没〕の詩を翻訳しおおせ、そのうえ、ブーバーとともにヘブライ語の聖書の最初の一〇巻を訳した。一九二九年一二月に、フランクフルトで亡くなった。墓標は今もフランクフルトにある。

「歴史」から「宗教」へ

ローゼンツヴァイクは日記に彼の思想への鍵となる奇妙な言葉を残した。「一九世紀的な意味での歴史に対する戦いは、われわれにとって、二〇世紀的な意味での宗教を求める戦いとなる」。歴史に対する戦いとはなにを意味するのか。そして、「二〇世紀的な意味での」宗教、とくにユダヤ教とはなにか。

ローゼンツヴァイクとドイツの同世代の知識人にとって、「歴史」は歴史哲学、すなわちヘーゲルを意味した。一九世紀をつうじてのヘーゲル理解は、正否はともかく、世界史における理性的な過程の発見であり、それは近代の官僚制国家、ブルジョワ市民社会、プロテスタントの市民宗教、資本主義経済、技術的進歩、ヘーゲル自身の哲学とともに頂点に達するというものだった。これは予言だった。だが、一九世紀末には、それが実現しつつあるように見えたので、恐怖がはじまり、ヘーゲルの思想が影響を及ぼしたドイツや他の国々で深刻な文化的反動が生じた。表現主義、プリミティズム、神話やオカルトへの傾倒など、さまざまな運動や風潮のパンドラの箱が開けられた。恐怖は本物だった。ヘーゲルやその亜流が正しいなら、人間の経験全体が理性的・歴史的に説明され尽くしたことになり、人間の精神を無感覚にし、個人的なものであれ聖なるものであれ、純粋に新しいことを経験する可能性があらかじめ閉ざされてしまう。マックス・ウェーバーが冷ややかに言い放ったように、それは「世界への幻滅」を意味した。

ヘーゲルがそれを意図したかはともかく、哲学史に理性的な終焉をもたらしたという彼の主張が真剣に受けとめられたドイツの主流派哲学内部においてすら、このようにヘーゲルは理解された。この主張に対する抵抗はさまざまなかたちをとった。反ヘーゲル主義者は歴史から思考をふたたび独立させようと願い、イマヌエル・カントやルネ・デカルトといったヘーゲル以前の哲学者への回帰を促した。より主観的な道をとった者は、ニーチェや、ちょうど世紀末にドイツ語へ翻訳されつつあったキエルケゴールの実存主義的な矛盾へと向かった。これらの転回は、ヘーゲルの歴史意識が文化全体を相対主義という危機へ貶めたという意識の高まりをともなって、エトムント・フッサールと若きマルティン・ハイデガーによる現象学に結実した。ローゼンツヴァイクはハイデガーの信念を共有しただろう。彼が「日常生活」と呼んだものに背を向けることで、そもそものはじめから哲学は誤りを犯し、ハイデガーが「形而上学」と呼んだもののなかでおのれを見失ってしまったという信念だ。この過ちを正せるのは、人間を日常経験へ戻してくれる新たな治療の思想をおいて他にない。

ローゼンツヴァイクの「二〇世紀的な意味での宗教を求める戦い」への呼びかけも、ヘーゲルに対して向けられた。もっとも、より直接的な標的は、一九世紀をつうじてドイツの宗教思想を支配したリベラルな宗派の神学だった。ダーフィト・フリードリヒ・シュトラウス〔一八〇七～一八七四〕やフリードリヒ・シュライエルマハー〔一七六八～一八三四〕に代表されるリベラル神学は、プロテスタントの教義と近代思想の妥協点を探る試みとして開始されたが、この努力においてヘーゲルが頼もしい味方となった。ヘーゲルは宗教がたんなる迷信にすぎないというフランスの啓蒙思想を共有しなかった。彼はまた近代による自然の征服によって宗教が消滅するとも考えなかった。ヘーゲルの思想において、実際、プロテスタンティズムと近代国家の間には調和があり、たとえ歴史が頂点に達したとしても、宗教は準官僚制的機能を果たしつづけ、道徳教育および市民教育をつうじて、個人を国家に融合させるのに役立つ。一九世紀のドイツプロテスタント神学者たちは、いまだに啓蒙思想の攻撃から立ち直っておらず、ヘーゲルの図式におけるこの限定的ではあるが、安全な立場を喜んで受けいれた。

今では奇妙に見えるかもしれないが、一九世紀のユダヤ人思想家たちの多くも同じ立場を求めた。一九世紀はじめにドイツ系ユダヤ人は解放され、それにともなって新しい学問がもたらされた。閉じた伝統的なラビ〔ユダヤ教の宗教的指導者〕やイェシーバー〔タルムードの学習施設〕から自由になったその学問は「ユダヤ教学」と呼ばれた。この学問は改革主義と神学的妥協を目的としていた。ユダヤ人が近代生活の流れに乗るのを阻む文化的な障壁となっていたユダヤ教の側面を脱神話化することで、リベラルなユダヤ教はユダヤの民を啓蒙し、キリスト教徒の同胞により受けいれられるようにと願った。ヘーゲルはもっとも成熟した宗教経験としてのプロテスタンティズムのみが近代生活と相いれると主張したが、これは彼らにとって些末な事柄にすぎなかった。無価値な迷信や伝統から切り離された、根源的なユダヤ教の道徳的教えが、プロテスタンティズムのそれと同じであることが示されれば、また、近代のユダヤ人が近代国家に完全に参与する市民となれば、さらには、ヘルマン・コーエンが悪名高くいったように、ドイツ性《ドイツチユム》とユダヤ性《ユーデントウム》の精神的調和が発展すれば、プロテスタントの偏見は忘れられ、近代の領域においてユダヤ教の場が確保できる、とリベラルなユダヤ人たちは考えた。

しかし、残念ながら、二〇世紀のはじめには、もっとも思慮深いプロテスタントとユダヤ教徒にとって、リベラル神学が神学的・政治的幻想にすぎないことは明らかだった。第一次世界大戦の惨劇の後で、若きスイス人牧師のカール・バルト〔一八八六〜一九六八〕は『ローマ書講解』[3]という爆弾のような本を書いた。バルトは、ヒューマニズム、啓蒙思想、ブルジョワ文化、国家など、リベラル神学を奉じるプロテスタントたちが是認したあらゆるものを疑問視した。彼は偶像を破壊し、近代精神に抗い、超歴史的信仰を擁護する、実存的な決断をせよ、と呼びかけた。これがプロテスタント思想を永遠に変えてしまった。近代ユダヤ思想におけるローゼンツヴァイクの立場はプロテスタントにおけるバルトのそれと同じだが、一つだけ重要な違いがある。一方で、バルトは聖パウロと宗教改革者たちの基本的な教えへの回帰が必要でありまた可能だと信じていた。他方、ローゼンツヴァイクは一瞬たりともいかなる正統派ユダヤ教への知的な回帰を考えたことはなかった。彼にとって、そして彼の信じたところでは、彼の世代すべてにとって、これは不可能だった。一世紀にわたる同化によってユダヤ人たちは精神的に頽廃しきってしまい、なんらかの内的な変容を被らなければ、本当の意味でのユダヤ人であるとはいえなくなっていた。ローゼンツヴァイクは一九二四年にこう書いている。現代のユダヤ教教育の問題は、次の点をいかに決定するかにある。『キリスト教徒』のユダヤ人、民族主義的なユダヤ人、信心深いユダヤ人、自己防衛からユダヤ人である者、感傷や忠誠心からユダヤ人である者、要するに、一九世紀が生みだしたような『条件つきの』ユダヤ人はどうすれば自身やユダヤ教を脅かさずに、ふたたびユダヤ人になれるのか」。神学上の自由主義の与えた被害を考慮すると、完全にユダヤの民を一新できるのは「回帰の衛生学」だけであった。

回帰の概念が、歴史に抗って宗教を求めるというローゼンツヴァイクの二正面作戦を一つに結びつけた。ヘーゲルの歴史哲学とともに頂点に達した近代哲学は、人間を生活から切り離し、もっとも個人的なものから疎外してしまった。キリスト教にしろユダヤ教にしろ、近代のリベラル神学は人間を神から疎外することで、さらにそれを押し進め、神の戒めは善良な市民であることやブルジョワ作法のレベルにまで貶められた。人間が自身と神に回帰するには、ふたたびまったき生活を学ぶには、なんらかの治療を受けねばならないだろう。時間を遡ることではなく、時間から逃れる方法を学ぶことによって。この治療こそが、ローゼンツヴァイクが著作をつうじて目標に掲げたものだ。

「哲学」という病

ローゼンツヴァイクを理解しようと読者が代表作の『救済の星』をまず手にとるのはよくわかるが、だいたいが途中で投げ出してしまう。神秘主義的で、黙示録的な七つの封印からなる難解な、仕事は彼の治療的な意図をまったく説明してくれないからだ。初心者はまず、より広範な読者に自らの思想を紹介するために書いた（が、出版はされなかった）小品、『健康な悟性と病的な悟性』[4]を参照するのがよいだろう[1]。この本はドイツ語で書かれた哲学的な散文としては小振りながら傑作である。遊び心に満ちていると同時に深遠でもある。セールスポイントは、「専門家」ではなく、普通の読者に向けて書かれた、哲学という病気に罹り治療が必要になった患者に関する医学報告書という点にある。病床につく以前、患者は一連の人生のなかで自分のすべきことをし、ときにはあれこれ思いをめぐらせるが、やがてそんなことも忘れ、常識的に生きることにつとめる。しかし、ある日、思いに囚われ、道の途中ではたと立ち止まる。その間も、人生はとどまることなく過ぎ去ってゆく。「チーズ」のような簡単な言葉をなにげなく使う代わりに、「本質的に、チーズとはなにか?」と内省をはじめる。チーズは彼の「客体」となり、彼は「主体」になる。そうして一群の哲学的問題が開かれる。まもなくこのかわいそうな男はチーズを食べられなくなり、他のものもまったく口にできなくなった。常識は脳卒中によって損なわれ、彼には麻痺が残った。

　このような病に治療法はあるのか。ストア派からミシェル・ド・モンテーニュやルートヴィヒ・ヴィトゲンシュタインまで、西洋哲学には、無意味なあるいは破壊的な内省から精神を解放し、それを人生の流れのなかに戻してやるという使命を、治療的な用語で表現する一連の潮流がある。だが、これは瓶から蠅を追い出すように単純ではないとローゼンツヴァイクは考えた。常識は浅薄な信仰のようにいったん挑まれると失われてしまい、いったん失われると能動的に回復されねばならない。ローゼンツヴァイクの物語では、患者が療養所から出て田舎へ団体旅行に出かけるときに、治療がはじまる。眺望には、三つの頂きがそびえ、それぞれは神、人間、世界と呼ばれた。これらの土地の広がりに哲学者が出くわすと、まず本能的に調査を開始し、共通の特性を見つけようとする。それぞれの時代に哲学者は、丘全体が神からなっている（汎神論）、すべて人間の手による（観念論）、あるいは世界しかない（唯物論）、と宣言してきたが、四つ目の実体を見出すのに成功していない。ローゼンツヴァイクは、それが存在しないからだ、と憶測する。そこにはただ三つの要素だけがある。

週ごとに患者は一つの頂きから次の頂きへ移動するにつれて、そのまったきかたちでこれらの要素にふたたび親しむようになる。そして三週間の治療の終わりには、ついに神と人間と世界をありのままの姿で見られるようになり、それぞれは自足しているが、存在全体のなかでたがいに結びついている。いったんこの状態が起きると、日常言語をふたたび使用できるようになり、もはやその背後になにがあるのかと悩むこともない。回復の一環として、患者は自宅に戻されるが、宗教の暦のような厳格なスケジュール下に置かれ、おかげで規則正しい年周期にしたがってふたたび人生を経験できるようになる。患者の脚は時間の流れのなかを移動するのにふたたび慣れ、瞬間を生きはじめる。そして穏やかに死の訪れを待つ。ソクラテスは哲学だけが死に方を教えてくれると信じていた。ローゼンツヴァイクの患者は哲学的衝動を退けることで、死すべき運命に直面する。

これは美しい寓話《アレゴリー》だ。だが、まだ疑問点がある。なぜローゼンツヴァイクは哲学の伝統から抜け出すことでユダヤ教に戻ることができる――彼にとっては戻らねばならない――と、考えたのか。

神とのつながりの再生をめざして

この問いに答えるには、『救済の星』へ向かう必要がある。そしてすぐにわれわれの前に壁が立ちはだかる。直接的で魅力的なローゼンツヴァイクの小品は、常識へ回帰して新たな思考と生活をはじめるよう促す招待状のようである。対照的に、『救済の星』は、風変わりな哲学大系で、一九世紀の崇高な文体とはいわないまでも、大哲学者たちに真っ向から挑もうとしている。ハイデガーとヴィトゲンシュタインが哲学的にも文体のうえでもドイツの体系的哲学と袂を分かっていた時代に、ローゼンツヴァイクは最後にもう一度だけヘーゲルを越えようと試みたが、それは決定的な過ちであった。もう数世代にわたって、『救済の星』の純粋な哲学的・宗教的な洞察は、彼が「新たな思考」を構成すると主張した、神智学的かつ宇宙論的思弁、余計な造語、思想、時間、言語に関する借り物の概念の寄せ集めからなる織物のなかに埋もれてしまったままである。しかし、ある批評家が「カバラのような象徴への耽溺」と呼んだものを越えて『救済の星』に入り込んでしまえば、人間の有限性と完全に折り合いをつけ、その内部で超越（あるいは「救済」）の経験へと開かれた生活を送ることが意味するものについての深遠な思惟が発見される。

有限性と超越の相互作用は『救済の星』第二部のテーマである。ここでローゼンツヴァイクは、特別な意味をこめてもちいた「創造」「啓示」「救済」の観点から、神と人間と世界の関係について語る。異端の宗教も含めた、あらゆる宗教は世界と人間を神々の被造物とみなす。ローゼンツヴァイクによると、ユダヤ教、つづくキリスト教とイスラーム教をそれらから区別するのは、人間と神の相互活動によって活性化されなければ、そのような世界は沈黙して未完成のままであるという発見である。神と人間は啓示の瞬間にたがいに出会い、奇跡のように変容し、そして世界もまた変わる。出会いの言語は愛の言語である。詩篇の美しい解説で、ローゼンツヴァイクは、より自分らしくなるために、被造物へ関心を寄せ、愛を吹き込む生ける神を描く。人間は自らがこの愛情の対象であると感じ、次いで愛によって変容し、会話をつうじて純粋なる出会いが可能になる。被造物全体が、とりわけ人間が、いまや「指向性《オリエンテーション》」をもつ、とローゼンツヴァイクはいう。

愛は啓示であり、また実現を望む。ローゼンツヴァイクの用語では、愛は救済を求め、神、人間、世界を完全で完璧にしたいと望む。だが、この救済はどのようにして起こるのか。正統派キリスト教とユダヤ教は、神が望むときに生じる時間の終わりにそれを位置づける。他方、フリードリヒ・シェリング〔一七七五〜一八五四〕やヘーゲルなど、近代の哲学者は、内在的原理の働きによって、被造物はつねに完成される過程にあると考えた。ローゼンツヴァイクの救済の概念は、これらの正統派と異端の考えを独特な、少し矛盾した仕方で組み合わせたものだ。彼は、最終的な救済は時間の外部で生じ、神によってのみもたらされ、なにか匿名のあらゆるものに広がる世界精神のようなものによってではない、という正統派の教えを受けいれる。他方で、現在において救済を「予期」し、最後の審判の日へ向けて世界とわれわれ自身を備えておかなければならないが、審判の日はただ望むべきものであり、自らその到来を早めることはできない、ともいっている。そして待っている間、ともに生活し祈るにあたり、愛が作用しつづける。この人間との相互作用を可能にすることで、神はやがて訪れる自らの救済に備えている（とても古いグノーシス主義的観念）。

ローゼンツヴァイクがいうように、救済の教義は異端を生みだす。問題は根深い。救済がすべて神の手によるものならば、人は神まかせになり自ら努力しないという誘惑に駆られる。だが、救済の作業に参加できるとなれば、誘惑は同じように大きく、時間的な活動をつうじて自らを救済できると考えてしまう。ローゼンツヴァイクはこうした異端のもとに秘められる知恵を認めて巧みに説明する。啓示と救済への待機という点から見て、異端の背後には二つの相補的で等しく有効な生き方がある。一つはユダヤ教に、もう一つはキリスト教に属する。

永遠の巡礼者としてのキリスト教徒、歴史の亡命者としてのユダヤ教徒

もっとも充実している『救済の星』第三部は、驚くべき仕方で、ユダヤ教徒とキリスト教徒の生き方を社会学的に比較する（ローゼンツヴァイクはイスラーム教を啓示宗教のたんなるパロディとして退ける）。キリスト教の説明はドラマチックだが、ヘーゲルから来ているので、独創性に欠ける部分もある。ヘーゲルにとってと同じようにローゼンツヴァイクにとっても、キリスト教神学の特徴は、イエス・キリストを神の化身と信じ、その再臨を待望することにある。だが、この啓示の出来事は時間を三つの時代に分割するという帰結をもたらす。つまり、キリストの到来以前の永遠の時代、キリストの再臨につづく救済という永遠の時

代、そしてキリスト教徒が生きるべき現世の時代、これをローゼンツヴァイクは「永遠の道」と呼んだ。社会学的に見れば、キリスト教は歴史における力であり、そのように運命づけられているのである。

キリスト教徒がその啓示を理解し救済を待つあり方は、個人の生活と集団の生活を旅に変える。キリスト教徒はつねに途上にあり、異端者として生まれ、洗礼を受け、誘惑に打ち勝ち、福音を広める。教会も同様で、すべての人間を兄弟とみなすため、彼らを改宗させ、必要ならば、征服も辞さないと感じている。キリスト教徒は永遠の巡礼者なので、疎外されていて、自らが引き裂かれていると感じる。ローゼンツヴァイクの鮮やかな比喩によれば、『ニーベルンゲンの歌』のジークフリート〔少年時代に遠征の旅に出て数々の軍功をあげた〕とキリストの間で引き裂かれていて、そのため世界のなかで完全に安住することがない。だが、このキリスト教徒の魂における緊張はひじょうに生産的であった。自己と葛藤するキリスト教文化は、古代から中世世界へ、プロテスタンティズムの数世紀へ、そして世俗化によって勝利を収めた近代へと、歴史の波を前進させてきた。このようにして、キリスト教は時間の内部における活動をつうじて世界の救済を準備しているのである（これはヘーゲルがいうところのキリスト教徒の運命であり、聖アウグスティヌス〔三五四〜四三〇〕のそれではないことを想起すべきである）。

ユダヤ教は異なる呼びかけに応える、とローゼンツヴァイクはいう。キリスト教の啓示や歴史がはじまるはるか昔から、ユダヤ人は、唯一の啓示の民として、神と直接対話のできる永遠のなかに生きてきた。媒介者は必要なかった。すでに父なる神と直接的な関係にあったからである。歴史的な仕事は与えられなかった。すでにあるべき姿であったからである。時間の内部で救済に向けて働くというよりは、宗教暦をつうじて象徴的なかたちで救済を予期し、この意味において、すでに永遠の生を生きている。ローゼンツヴァイクによれば、「ユダヤの民は、〔他の〕民族がいまだそこへ向かっている目的地にすでに到達していた」。つまり、ユダヤ人にとって、歴史そのものはなんの意味ももたない。「救済がいまだ来るべき間に、世界史に囚われることのない永遠の民のみが、あらゆる瞬間に、被造物全体を救済へ結びつける」。自らの土地に住んでいる間も、ユダヤ人はつねに亡命している。歴史からの亡命者なのである。

ユダヤ人は神による律法とヘブライ語をつうじて他の人々から孤立を守っているが、もっとも強力な防衛手段は血縁である。ローゼンツヴァイクはユダヤ教を血の宗教と呼んだが、読者によっては困惑を隠さない者もおり、『救済の星』の英訳者すら不当にそれを削除してしまった。けれども、彼のいわんとすることに不名誉なことはなにもない。宗教共同体が運命を御し、直接的で、途切れることのない、神との永遠の関係を保証する唯一の道は「血の共同体」となることだ。ローゼンツヴァイクの説明によると、「血に基づかない永遠はすべて意志と希望に基づく必要がある。同じ血に基づく共同体のみが永遠という確証を血の温もりのうちに感じ、それは現在ですら進行中なのである……身体の自然な繁殖力が共同体に永遠を保証する」。ユダヤ人は異教徒のように土地に、キリスト教徒のように歴史に根を下ろさない。神との永遠の関係を保証する方法として、ユダヤ人は自らに根を下ろす。キリスト教徒は兄弟とみなす異邦人を改宗させることで信仰を証明する。ユダヤ人は生殖することで、「ユダヤ人よ、あれ」と身体をとおしていうことで証明する。こうして神との契約を過去や未来の世代の間で更新するのである。ユダヤ人が道徳的に他の民族の苦境に無関心だというわけではない。ただ、彼らの関心は、神への愛、そしてたがいへの愛から生まれるのであって、ヒューマニティと呼ばれる抽象的なものへの献身からではない。

おそらく『救済の星』でもっとも想像力に富んでいるのは、ユダヤ教の暦の分析の個所である。ローゼンツヴァイクは暦のうちに、ユダヤの民が創造、啓示、救済を経験する仕方を象徴的に構造化する、無限とも思える豊富な儀礼を見る。彼は安息日、家族で祝う過越祭《ペサハ》〔春分の日の後の満月の日に行われる出エジプトを記念する祭り〕や仮庵祭《スコット》〔エジプト脱出の際荒野で四〇日過ごしたことを祝う収穫祭〕、共同体としての休暇である新年祭《ローシュ・ハッシャーナー》〔ユダヤ暦の新年祭〕や贖罪の日の構造のうちに、神聖な劇を見る。人間経験のすべての周期が、ユダヤ人生活の一年ごとに再生される。これがユダヤ教の常識、神と人間と世界の生きた結びつきである。これを伝統的な哲学は理解できない。

しかし、常識は犠牲をともなう。ユダヤ人は、地上における神から授けられた律法の担い手として、政治的生活を諦めなければならない。ローゼンツヴァイクはここでヘーゲルに倣い、法を慣習と理性の統合として、また時間をつうじて発展するものとして、さらには国家を法の具体的な表出として見る。そしてユダヤ人は律法が不変（無限の解釈に開かれてはいるが）であるとみなすので、ローゼンツヴァイクによれば、ユダヤ人国家というものはありえず、メシアによるいかなる建国への試みも偶像崇拝とみなされる。「国家は時間という制約のなかで国民に永遠を与える試みを象徴する」ので、すでに永遠を手にした永遠の民とは敵対する。ユダヤ人は単純に政治、とくに戦争を真剣に受けとめられない。預言者たち、おそらくはときにユートピア的な夢想家たちからなる民族であり、決して政治家や将軍の民族ではない。歴史からの超越的な亡命者なので、超越的に国家をもたない。言うまでもなく、ローゼンツヴァイクはシオニストではなかった。

限界で交差する二つの宗教

したがって、最後の救済を待っている二種類の人々がいる。一人ひとりのキリスト教徒は精神の再生に焦点を当て、あらゆる瞬間に決断の十字路に立たされている。一集団としては、未来を指向し、福音を異教徒の闇のなかに広め、そこに照らし出されるものは何であれ自分のものにする。他方、一人ひとりのユダヤ人は過去と未来の世代からなる鎖の輪として生きる。子を産み、過去の記憶を守り、精神的な存在を内在化するにつれて、彼らの再生は共同体として生じる。たまに、とくにローゼンツヴァイクがユダヤ人生活の心理的・社会的調和を、キリスト教の創造的破壊の原因である自己疎外と対照するときは、『救済の星』に少しばかり排外的な響きがときおり聞こえる。だが、結局、彼は二つを相補的な生き方としてとらえ、それぞれは救済をより効率良く進めるうえで機能を果たしていると考える。

相補的関係によって、ローゼンツヴァイクは、ユダヤ教がそれ自体であるために、キリスト教をなんらかの仕方で必要とするといったのではない。ユダヤ教にとってキリスト教は不要だ。だが、世界はキリスト教を必要とするように見える。キリスト教への改宗を断念してまもなく、早くも一九一三年には、ローゼンツヴァイクはこんな意見をもっていた。ユダヤ教は「世俗の仕事を教会に任せ、教会をあらゆる時代のあらゆる異教徒の魂の救済として認める」。ユダヤ教徒は改宗しないが、キリスト教徒がそうするのは良いことだ。他方、キリスト教は次の機能を果たすにあたり、ユダヤ教を必要とする。外なる異教徒を改宗させるのに忙殺される間に、ユダヤ教の手本によって、キリスト教徒は内なる異教徒を抑え込むことができる。「キリスト教徒はユダヤ教徒の後ろ盾がなければ、道に迷ってしまうだろう」。キリスト教徒もこれに気づいているからこそ、ユダヤ教徒に憤りを覚え、プライドの高い、横柄な奴と呼ぶのだ。まさにユダヤ教の存在、そして永遠を経験したというその主張が巡礼者のキリスト教徒を辱め、自己嫌悪から、自らの異教的な欠陥に対する反感から、反ユダヤ主義者になるのである。

ローゼンツヴァイクは異なる宗教からなるユートピアを信じていなかった。ユダヤ教徒とキリスト教徒が自らを真摯に受けとめたら、最終的な事柄について決して合意できないことを知っていた。神は「二つの宗教の間に永遠の敵意をおきたまわれた」。ローゼンツヴァイクは手紙のなかでこうもいっている。「私たちはキリストを磔刑に処したが、誓ってもいいが、またやるだろう。全世界のなかで私たちだけがやるだろう」。とはいえ、時間がつづくかぎり、神はまたその叡智のうちに二つの宗教を一つに結びつけた。ユダヤ教もキリスト教も啓示と救済を経験するには不完全な方法である。人間の手による方法だからだ。ローゼンツヴァイクの比喩によれば、ユダヤ教徒は光を見るが、光のなかで歴史的に生きることができない。キリスト教徒は光に照らされた世界に住むが、光そのものを見ることができない。それがどのようなものであれ、神と人間と世界についてのまったき真理を、ユダヤ教徒もキリスト教徒も理解することはない。ユダヤ教とキリスト教が共通の土台を見出すのは、限界においてであって、成果においてではない。

超越的な理想と悲劇的な現実

『救済の星』の最後の文章はとてもシンプルだ。「人生へ《インス・レーベン》」。そして、これこそが、結局、治療の目的なのである。「古い思考」という幻想を後にし、ローゼンツヴァイクが「もはや本ではないもの《ニヒトメーアブーフ》」と呼んだ人生そのものへ完全に入っていけるように、読者に準備させることである。これがキリスト教徒にとってなにを意味するのかは十分明らかだ。歴史的集団としての運命を受けいれ、近代の世俗化した世界を、バルトのように蛇の果実としてではなく、キリスト教の啓示の聖なる果実とみなすことを学ぶことである。他方、ユダヤ教徒にとっては、救済、あるいは、つかの間の成就の軌跡としての歴史から背を向けることを意味する。過去と関係して生きはするが、それは各ユダヤ教の祭日が、時間よりは永遠に関係している太古の劇を再現するという意味においてのみである。

　ローゼンツヴァイクのノスタルジアは、ユダヤ教徒の過去を時間を遡って回復されるべき状態というよりは、むしろ超越的な理想へと変える。情念に満たされてはいるが、美しい理想である。ローゼンツヴァイクの死後数年のうちに、ヨーロッパのユダヤ人は政治の罠にはまり、あらゆる出口が塞がれてしまう。歴史の流れのなかにふたたび飛び込み、自らの運命に向きあう以外の選択肢はなかった。古代以来はじめての出来事だ。ショア以降のユダヤ人にとって、今あるものから未来を築くことが必然的に「生」となる。永遠の生は後回しだ。

2　エリック・フェーゲリン――内なる世界の終わり

歴史家とは後向きの予言者である。
フリードリヒ・フォン・シュレーゲル

植えかえられた「温室の花」

危機は歴史の母である。ヘロドトス以来、歴史叙述への衝動は、国家や帝国の運命が反転するという、一見説明できないものを説明する必要性と深く結びついてきた。最良の歴史はこの必要性を満たす一方で、人間の行動があらゆる可能性に開かれていて予測できないこともとらえる。だが、最良の歴史がもっとも記憶に残るとはかぎらない。「複数の因果関係によって説明する」、あるいはそのような表現をもちいる歴史家は忘れさられてしまう。他方、あらゆるものの秘密の源泉を発見する歴史家は模倣され、攻撃されはするが、忘れさられることはない。

二〇世紀に、ヨーロッパの歴史叙述は、一九三三年……一九一七年、一七八九年、あるいはもっと以前に崩壊した文明の残骸を振り返る一種の瓦礫文学《トリユンマーリテラトウーア》と化した。ドイツ人はこの種の廃墟の文学を得意とするが、別にドイツの風景が瓦礫だらけだからというわけではない。一九世紀に、歴史家たちはヘーゲルを好んで模倣したが、その壮大な哲学的ビジョンは、人間文化のあらゆる側面を織りあげて弁証法的に歴史の進歩を縫い目なく説明するものだった。第一次世界大戦という大惨事の後の課題は、このヘーゲルの物語を哲学的に意味のある断絶と腐敗からなる黙示録的な物語へと変えることだった。これに応答したのは独りオスヴァルト・シュペングラーだけではなかった。エトムント・フッサールは第二次世界大戦直前に行った有名な講義で、『ヨーロッパの実存的危機』……は哲学的に見出しうるヨーロッパ史の目的論を背景にしてはじめて理解でき明らかになる」と宣言し、大勢のドイツ人思想家を代弁した。

アメリカでは、もとより宗教的想像力のうちに黙示録的な傾向があるにもかかわらず、特有の理由から「危機の歴史」はあまり発展しなかった。しかし、一九三〇年代にドイツの学者たちがヒットラーから逃れてアメリカに到着しはじめると、時代の危機に関するとてつもなく壮大で暗い観念が持ち込まれ、反響を呼んだ。ハンナ・アーレント〔一九〇六〜

一九七五〕、レオ・シュトラウス、マックス・ホルクハイマー〔一八九五～一九七三〕、テオドール・アドルノ〔一九〇三～一九六九〕が下した診断はまちまちだったが、彼らはみな、西洋思想の変容こそが思考不可能なものを準備したのであり、政治的な道に先んじて、新たな知の道を見出す必要があると考えていた。

エリック・フェーゲリンは、成人してから大半の時期を、こうしたドイツ系思想家に囲まれて過ごした。オーストリア人亡命者であり、アーレントやシュトラウスと親交があったものの、彼らとは異なり、生涯にわたって広範な読者の支持を得ることはなかった。北米とヨーロッパにはフェーゲリン研究者もいるが、あまりに孤独で特異な思想家であったため、まともな学派を残すこともなかった。彼は、ドイツの歴史《ゲシヒテ》という暗い庭から、アメリカという好きな道をいくらでも進める広大な大地へ移植された、独創的な温室育ちの花だった。このため、結局、フェーゲリンの歴史へのノスタルジアは、彼自身の尽きることのない好奇心の襲撃に耐えられなかったのである。

ウィーンからアメリカへ

エリック・フェーゲリンは一九〇一年にケルンに生まれ、九歳のときにウィーンへ移住した。法律と政治学を学んだが、後に回想するように、本当の教育は辛辣なウィーンのジャーナリスト、カール・クラウス〔一八七四～一九三六〕の著作に親しんだことだ。クラウスは時代の欺瞞や低俗さを激しく攻撃し、第一次世界大戦前後に成人した世代をかたちづくった。フェーゲリンは祖国オーストリアにあまり関心がなかったので、若いヨーロッパ人の学者としてはめずらしい一歩を踏み出せた。一九二四年に奨学金を得てアメリカへ渡り二年間過ごしたのだ。複数の大学で勉強し、コロンビア大学ではプラグマティズムの哲学者ジョン・デューイ〔一八五九～一九五二〕の授業に出席して、スペイン出身の哲学者・詩人のジョージ・サンタヤーナ〔一八六三～一九五二〕の著作に出会った。この経験に触発されて処女作の『アメリカ精神のかたちについて』〔一九二八年〕を書いたが、マックス・シェーラー〔一八七四～一九二八〕やヴィルヘルム・ディルタイ〔一八三三～一九一一〕といったドイツの思想家に多くを負っていて、デューイのようなプラグマティストの影響は少ない。にもかかわらず、アメリカ体験は大きな影響を及ぼした。大学に職を得てウィーンに戻ったとき、人種主義とその恥ずべき知的正当化に対する生涯にわたる嫌悪を持ち帰った。ナチスの生物学的人種主義を支持するエセ科学的書物が、オーストリアに流布しはじめると、フェーゲリンはそれを攻撃するため、ヒットラーの政権掌握直後に二冊の本を出版した。こうした著作のため、オーストリア・ナチスの標的となり、一九三八年のナチスによるオーストリア併合の直後に逮捕命令が出た。フェーゲリンは列車で逃がれた。その頃、警察は彼のアパートメントを捜索していた。

フェーゲリンは共産主義者でもユダヤ人でもなかったが、アメリカに仕事と安全を求めてやって来た大勢の亡命学者の一人となった。仲間内ではめずらしくすでにアメリカ体験があったにもかかわらず、ドイツ語しかできない外国人だったため、教職に就くのに苦労した。ようやくルイジアナ州立大学に落ち着き、一九五八年まで教鞭をとり、英語で執筆を開始した。これが功を奏して、ドイツに呼び戻され、ミュンヘンに研究所を立ち上げるが、一〇年務めただけで、一九六〇年代後半の悪意に満ちた政治的雰囲気のなかで失職した（かつて彼が述べたように、「旧弊な伝統のまがい物と黙示録的な革命のまがい物の間」で身動きがとれなくなったのだ）。一九六九年にアメリカに戻り、カリフォルニアのフーヴァー研究所に職を得て、一九八五年にその生涯を閉じた。

フェーゲリンはアメリカ時代に驚くほど大量の書物を生みだしたが、いささか奇妙なやり方であった。到着後まもなく、アメリカの出版社から政治思想史の分野で他の標準的な教科書と競う短いものを書くよう依頼された。ところが、『政治思想史』という膨大な、未完に終わった草稿を書きはじめ、全三四巻からなる『フェーゲリン全集』の八巻を占めることになった。一九五〇年代に収拾がつかなくなり断念した後、今度は全六巻の「秩序と歴史」プロジェクトに着手した。これも死によって未完に終わった。これらの仕事に加えて、フェーゲリンは数百におよぶ書評、エッセイ、書籍、異常に長く複雑な書簡、インタビュー、魅力的な短い自伝をものした。このような病的饒舌さが、しかも彼にとって外国語である英語でなされているのには驚かざるをえない。一方で訝しくも思う。

心の準備のない読者はフェーゲリンの著作を一瞥しただけで面食らうだろう。あらゆることが書かれているからである。たとえば、ビザンチン史、中世の神学、ゲシュタルト心理学、旧石器時代と新石器時代の視覚的象徴、ギリシア哲学、アメリカ合衆国憲法の発展、死海文書、中華帝国史、旧約聖書解釈、ポリネシアの装飾芸術、ゾロアスター教、エジプトとメソポタミアの宇宙論、ルネサンス期のティムールのイメージ、などなどである。フェーゲリンはジョージ・エリオットの『ミドルマーチ』のカソーボン氏を彷彿とさせる。脅迫観念に囚われた博識家で、「あらゆる神話への鍵」を探求するが、けりのつかない未完の作品だけが残った。他方、フェーゲリンの全著作を導いているのは、宗教と政治の関係についての根本的な直観、その関係の変化がいかに近代史における地殻変動を説明するのかというものであった。

「神なき宗教」の近代

フェーゲリンの主要作の萌芽は『政治的な宗教』に見られる。オーストリア併合の直前に慌てて書かれ、逃亡先のスイスで出版した難解な小冊子である。フェーゲリンはナチスを闇の子どもとして攻撃したが、同時に、世俗的な西洋近代もナチズムを可能にしたと非難した。控えめにいって、これはめずらしい視点であった。世俗化した西洋近代はちょうどその頃ヒットラーに対する戦争の準備を進めていたからである。自説の正しさを証明するために、フェーゲリンは物語のあらましを描き、以降三〇年かけて練り上げ磨きをかけることになる。

物語は古代近東、エジプト、メソポタミアの古い文明からはじまり、その時代には国家は正統性を保証する聖なるアウラを授けられていた。この失われた世界では、王は聖なる秩序の代表者として象徴的に示され、神々との調停者を務めたか、あるいは自らが神である場合もあった。フェーゲリンにとって、これがあらゆる文明の本来の状態であり、秩序を確立するには、その聖性を信じる必要があった。古代世界において固く結ばれていた神と人間の絆がもっぱらキリスト教の勃興とともに緩んだ。キリスト教は最初の世界宗教として、聖なる秩序を政治的秩序から区別する神学原理をもたらしたのだ。

フェーゲリンが認めるように、その神学原理は例外があってこそ、ますます大切さが分かった。超越的な「神の国」を地上の「地の国」から区別するというまさにその考え方には、西洋史にとって、深い精神的・政治的な意味があった。一方で、神への道を直接開き、王宮を介する必要をなくした。他方で、直接神に導かれなくても、人間が自らを統治する期待が高まった。精神的に豊かになることは、政治の貧困化というリスクをともない、ついには神の管理下から人間を完全に解放しようとする衝動をもたらした。一七〜一八世紀の過激な啓蒙運動は進んでこの衝動に屈し、キリスト教がはじめた仕事を完成させた。すなわち、フェーゲリンの言葉では、啓蒙思想による「神の斬首」であった。

しかし、近代政治は神から解放されたが、人間から解放されたわけではなかった。まさにその反対だった。啓蒙思想は神を都市から追放したが、文明の生みの親である神格化という慣習は廃棄できなかった。フェーゲリンの見方では、啓蒙時代以降の西洋近代史に起きたのは、人間が自らの活動を、とくに伝統的な権威の源から自由になった新しい政治的秩序の形成を、聖なる言葉で思考しはじめることだった。近代人はプロメテウスになり、自らがありとあらゆるものを意のままに変えられる神であると思い込んだ。フェーゲリンは「神が世界の背後に退いたとき、世界の事物が新たな神々となった」といったが、これを押さえると、マルクス主義、ファシズム、ナショナリズムなど、二〇世紀の大衆によるイデオロギー運動の真の性質が明らかになる。これらはみな「政治的な宗教」であり、予言者、司祭、神殿への生け贄も備わっている。主を見捨てた後、指導者《フューラー》を崇めはじめるのは時間の問題だ。

常に水位が変わらないのと同様に、聖なるものへのアクセスが拒否されると、世俗生活に宗教的な衝動が度々現われる。そうした考え方は、一九世紀以来の反啓蒙思想の中心をなし、とくに近代史の流れに抵抗するキリスト教神学者の間で広まった。神学者たちには真なる信仰への回帰という明確な救済策が頭にあった。それはフェーゲリンの救済策でもあったのか。そうではないが、自らの信仰については語らなかったため、保守的な読者の少なからず多くがそうであると考えた。プロテスタントとして育ったフェーゲリンは、不用意に、「超越的なもの」や「聖なるもの」の存在がたしかなもののように書いたが、決して特定の教義への信仰は明らかにせず、公然とキリスト教を批判し、近代政治の到来を準備したと非難した。代わりに、彼は宗教と哲学の歴史を書き、時間の領域の彼岸にあるものを理解し、それがどのように個人の意識と社会秩序に関係しているのかを決定しようと、何度も試みる人間の物語として描いた。フェーゲリンが密かになにを信じていたのかは決してわからないが、人間社会をかたちづくる活力として宗教自体の力を評価していたことは明白であり、その固有の機能が尊重されるかぎり、社会は良い目的へ向けられると信じていた。彼なりのやり方で、神聖な超越的秩序の存在を受けいれていたのはたしかだ。『政治的な宗教』の基本テーマは、宗教のない世界を、つまり聖なるものが追放された政治的な秩序を創造するという幻想が、必然的に、ヒットラー、スターリン、ムッソリーニのようなグロテスクな世俗の神々の創造につながるというものだ。

「象徴」の政治分析

それはまた、フェーゲリンがはじめて英語で書いた『政治の新科学』[1]（一九五二年）のテーマであり、また一九五六年に刊行を開始した、『秩序と歴史』という壮大な、複数巻からなる仕事のテーマでもある。戦争体験と「政治的な宗教」による破壊の直後に、フェーゲリンは新たな政治科学を打ち立てて、あらゆる社会が自らを理解し、制度をつくる際に用いる「象徴」を歴史的に分析しようと試みた。彼の「象徴」の概念はいくぶん曖昧だが、柔軟性に富むので、たとえば、古代メソポタミアの王制とアメリカの民主主義レトリックの比較ができる。無論、戴冠式、宮殿や議会などの建築、投票の儀礼など、政治的生活のさまざまな側面に象徴的な意味があることは文化人類学をはじめ常識に属するが、フェーゲリン思想の新奇な点は、この常識を歴史理論に結びつけ、象徴化の普遍的なプロセスが密かに人類の文明に作用し、明確な方向性を世界史に与えている、と示唆したことにある。

フェーゲリンの考えによれば、このプロセスが明らかになるのは、各社会を「宇宙共《コスミ》同体《オン》」とみなすときである。これは自立した想像的な世界で、意味をまとい、超越的な秩序の構造に一致すると信じられていた。フェーゲリンが引用している古代バビロニアのハンムラビ法典の前書きを例に挙げよう。

> アヌム、崇高なる方、アヌンナック諸神の王、（および、）エンリル、天地の主、全土の運命を決定する方が、エアの長子、マルドゥクに全人民に対するエンリル権（王権）を割当て、彼（マルドゥク）をイギギ諸神のなかで偉大なる方とし、バビロンをその崇高なる名で呼び、四方世界でそれを最も優れたるものとし、その（バビロン）ただなかでその基礎が天地の（基礎の）ごとくに据えられた永遠の王権を彼のために確立したとき、そのとき、アヌムとエンリルは、ハンムラビ、敬虔なる君主、神々を畏れる私を、国土に正義を顕すために、悪しき者邪なる者を滅ぼすために、強き者が弱き者を虐げることがないために、太陽のごとく人々の上に輝きいで国土を照らすために、人々の肌（の色つや）を良くするために、召し出された。〔2〕

ここで「永遠の王権」の構造が直接宇宙（＝天地＝）のそれに比較されている。そして君主による民の支配を神々による「全人民」の支配になぞらえている。

フェーゲリンの主張によると、紀元前一〇〇〇年のあるとき、この象徴的な秩序はより複雑になり、より「組織化」された。人間と社会はそれぞれ独立したものとみなされ、神の秩序と調和するために、いずれも哲学あるいは啓示の宗教を必要とするようになった。いまや、真の人間とは魂にその調和をもたらすよう励む人間となり、真の支配者とはそれを社会において達成する者となった。この世界観を反映すべく、まったく新しい一連の象徴がつくりだされ、それをもって明晰に示せるようになったのが古代アテネである。「歴史の黄金時間」とフェーゲリンが呼ぶ古代アテネで、プラトンの哲学とアイスキュロスの劇が新たに啓示された人間存在の真理を表したのだ。

グノーシス主義への衝動

フェーゲリンの包括的な文明史観は一九世紀では、ドイツの哲学者フリードリヒ・シェリング、二〇世紀では、シュペングラー、イギリスの歴史学者アーノルド・トインビー

〔一八八九～一九七五〕、ドイツの哲学者カール・ヤスパース〔一八八三～一九六九〕らの「人間の時代」についての神秘主義的思弁に多くを負っていた。だが、グノーシス主義の現象を物語の基礎に据えることで、新たな展開も示した。「グノーシス主義」は数世紀にわたって多くの人に多くのことを意味してきた用語だ。初期キリスト教会の反異端文学によってつくりだされたこの用語は、古代後期に発生し、キリスト教やユダヤ教を名乗る、さまざまな異端集団に汚名を着せるために使用された。こうした集団は三つの基本的な信仰を共有すると考えられていた。①創造された世界はデミウルゴスと呼ばれる邪悪な下位の神格の手によるものであるため、すっかり堕落している。②高位の、精神的な神格へ直接アクセスするには、内なる神の光から生まれる秘密の知識《グノーシス》をもつことが必要である。③救済は、おそらくグノーシスの所持者による、暴力的な黙示録をつうじてやって来る。今日、これらのグノーシス各派について膨大な研究がなされているが、そもそも各派の間に共通点があったのか否かについても研究がなされている。

間口の狭い主題のように見えるが、実際、グノーシス主義の概念は一九世紀はじめ以来ドイツ思想において重要な役割を果たしてきた。神学者と聖書学者はグノーシス主義がキリスト教の根源にあるのか否かをめぐって大激論を戦わせた。まもなくこのアカデミックな論争は一般の議論へと変わり、近代思想ですら古代世界の非正統的な異端の宗教思想に負っているとしたら、その影響はどの程度なのかという議論になった。すでに一八三〇年代にヘーゲルが近代のグノーシス主義者として攻撃され、この非難はまもなくヘーゲル以降のユートピア主義者や革命家へ向けられた。そしてこの論争は、ドイツ系ユダヤ人の学者、ハンス・ヨナス〔一九〇三〜一九九三〕の重要な研究『グノーシスの宗教』[3]の出版とともに、第二次世界大戦後に息を吹き返した。ハイデガーの若き弟子のヨナスは、師が初期の実存主義で表明した哲学的真理のなかにうかがわれる宗教的な予感と考えるものによって、古代グノーシス主義に惹かれた。戦後、ハイデガーによるナチズムの公的な受容を知った後には、ヨナスはグノーシス主義の衝動と、それがどのように政治に影響を与えたのかについて、きわめて暗い見方をするようになった。彼のハイデガー思想に対する最終審判は、この一文が見事に表している。「現代のニヒリズムであり、グノーシス主義的ニヒリズムがそうでありえた以上に、ずっと過激で絶望的である」。

『政治の新科学』でのフェーゲリンの議論はいまや、キリスト教に対する抵抗として生まれた近代全体が、実際、グノーシス主義的だったというものになった。キリスト教はギリシア世界の象徴を越えて進み、個人は自然と社会の産物だが、神の直接の子どもでもあり、その生活は最終的に救済へ向けられているという考えを表した。この人間の二重の性格はキリスト教の偉大な啓示であり、また密かな弱点でもあった。神の使命を担った人間を敵対する世界へ投じたからだ（これはフランツ・ローゼンツヴァイクも信じていたことだ）。キリスト教の巡礼者の生活は厳しく、その歩みは遅い。地上になんの慰めも与えず、たしかに政治的生活には慰めがなかった。教会の精神的な使命に従属している一方で、われわれの堕落した性質とも結びついているからだ。そのうえ人間には忍耐力がない。救済が待っているといわれると、すぐさま突進し、天国へ届く塔を築いたり、黙示録の到来を早めたりする。思想家のゲルショム・ショーレム（一八九七〜一九八二）は同じような力学をユダヤ教の神秘主義に見出したが、フェーゲリンの目には、キリスト教において最高の強度に達したと映っていた。メシアはすでに到来したが、どういうわけか出立してしまった。そのため、ある時点で、ヨーロッパのキリスト教徒は待つことに飽きてしまった。「魂による英雄的な冒険、すなわちキリスト教への精神的な根気」が欠けていたので、キリスト教徒は謀反を起こし、自らの力で地上に楽園を築くことにした。こうして近代が生まれた。その要因は、グノーシス主義的な「キリスト教の終末の内在化」、つまり、政治的現実としての千年王国を追求することだった。

この考えにより、フェーゲリンは存命中もっとも有名になり、冷戦、大衆のポップカルチャー、学生運動、つまりほとんどあらゆるものに、「西洋の危機」を見ていたアメリカの保守派の間に多くの称賛者を生み出した。フェーゲリンはヘーゲルとマルクスを「下級の聖霊のなかに精神がうごめいている」、グノーシス主義の予言者として退け、二人とその亜流を始末する世界史的な理由を与えた。近代の政治革命史、リベラルな進歩主義史、技術発展史、共産主義史、ファシズムの歴史、これらがまさに超越的秩序の観念へのグノーシス主義的な抵抗の証拠でないとしたらなにを意味するのか。この反乱の責任の一部はキリスト教にあり、アメリカ独立革命はその結果の一つであったとフェーゲリンは考えていた。なぜかアメリカの保守派の読者はこの点を理解していない。一九六八年に、フェーゲリンは短いが、とても難解な『科学、政治、グノーシス主義』という本を出版し、近代のグノーシス主義者を「神の殺害者」、マルクスを「インテリペテン師」、そしてあらゆる近代の大衆的な政治運動を「偽の宗教」と呼んだ。アメリカで出た翻訳はヒットし、以来、複数の保守系の出版社で版を重ねている。

『政治の新科学』の出版後まもなく、フェーゲリンは『秩序と歴史』の最初の三巻を矢継ぎ早に出版し、古代近東から現在へいたる一連の文明をたどった。これは、文明を概観するというよりは、合理的にプロセスを再構築するものとして構想された。そのプロセスによって、人間経験の象徴化はますます明確になり、キリスト教の誕生までつづいたが、近代のグノーシス主義のせいで衰退した。最初の三巻はすばらしいが、やや風変わりな仕方で古代史を駆け抜ける。メソポタミア、エジプト、イスラエルとはじまり、クレタ人、アカイア人、アテナイ人にいたるギリシアの物語へとつづく。これらはしっかりとした叙述である。フェーゲリンは真摯な素人歴史家だった。あらゆる本を読み、神話、碑文、都市計画、占星術、予言、叙事詩、聖書の物語、ギリシア悲劇、プラトンの対話を関係づけることができた。最初の三巻で一気に、キリスト教へいたる人間の進歩を確立し、冷戦時代のアメリカ人読者は自らの文明の凋落について読むのを楽しみにしていた。

ところが、なにかが起きた。カソーボン氏は考えを変えたのである。

ほとばしる想像力の飛翔

『秩序と歴史』のつづきが出たのは一七年後だった。その間、フェーゲリンはドイツの研究所の立ち上げに一〇年を費やしていた。一九七四年についに出版されたとき、読者はいままでに書かれたものの多くが放棄されたことに気づいた。その時点までのフェーゲリンの仕事は反近代文化を掲げる他の悲観者たちのそれと同じように、一九世紀からこのかた歴史的な神話を紡いで、健全な思考様式と生活様式が放棄され、腐敗がはじまった瞬間を正確に示そうとするものだった。それはハイデガーにとってはソクラテス、シュトラウスにとってはマキャヴェッリ、フェーゲリンにとっては、少なくともそのときまでは、古代のグノーシス主義からはじまった。だが、『世界教会の時代』と題された『秩序と歴史』の第四巻は驚くべき告白とともにはじまる。これまでの歴史図式は彼が批判してきたまさにその衝動、「歴史における精神のさまざまな操作をむりやり一本の線にまとめ、ためらうことなく思想家の現在へつなげるという偏執的な欲望」に囚われてしまったというのだ。歴史は「啓示の過程にある神秘」、聖なるものと人間が出会う広々とした野原であり、出口のない高速道路ではない、とついにフェーゲリンは気づいたのである。数世紀にわたって神秘主義者たちはこの真理を秘教の言語で表現しようと試みてきたが、神秘は説明されずじまいであった。いまやフェーゲリンは、必要とされるのはその根源的な神秘を奪うことなく、「神が顕現する」出会いの真理を発見する客観的な学問であると宣言する。これが『秩序と歴史』の新たな計画となった。

残念ながら、『秩序と歴史』の最後の二巻はとても読みにくい。とりわけフェーゲリンが独特な専門用語をつくる必要に迫られていたからである。「論争学（eristics）」、「転義的意識（metaleptic consciousness）」「転移信仰（metastatic faith）」「霊的顕現（pneumatic theophany）」「自我が出現する歴史（egophanic hisotry）」といった用語をまるで自明のもののように使っている。（『フェーゲリン全集』の最終巻には三八頁に及ぶ用語集がついていて、読書の手助けになる）。そのうえ嘆かわしいほどに膨張しつづける。シュメールの王の系譜から社会学者のマックス・ウェーバーへ、聖パウロから宗教学者のミルチャ・エリアーデ〔一九〇七〜一九八六〕へ、アケメネス朝ペルシアの王・クセルクセス一世〔在位紀元前四八六〜四六五〕から歴史家のヤーコプ・ブルクハルト〔一八一八〜一八九七〕へ、中国の南朝から聖書学者のルドルフ・ブルトマン〔一八八四〜一九七六〕へと、フェーゲリンの筆は脱線に脱線を重ねる。これらの時代や作家を知らない読者にとってはちんぷんかんぷんだ。これは残念なことである。フェーゲリンの直観は深いからだ。

フェーゲリンははじめこれをドイツで出版した『追憶《アナムネシス》』〔一九六六年〕という、一〇年後に英訳の出た、奇妙な本で表現しようとした。この本は歴史の問題ではなく、ギリシア語でいうアナムネーシス、つまり記憶の問題からはじまる。フェーゲリンは自問する。われわれに始まりと終わり、断絶と継続から経験を考えさせる意識とはなにか、そしてどのようにその心理的傾向は社会の形成に影響を与えるのか。フェーゲリンはいまや「社会と歴史における人間の秩序の問題は」グノーシス主義のそれも含めて、「意識の秩序にはじまる」と確信した。一九四〇年代には、私的な「記憶の実験」と呼んだものを開始し、子どもの頃の記憶を探り、感情の中核をなすものを取り戻し、それがどのようにして過去をかたちづくるのかを考えた。これらの実験の奇妙だが示唆に富むメモは、本のなかに収められている。この背後ですべてを導く思想は、人間の領域と超越的な領域が意識のなかで出会うというものだ。これは太古の神秘主義的な概念であり、フェーゲリンはそれを歴史へ拡張し、われわれをとおして「永遠なる存在が時間のうちに自らを実現する」と示唆した。

この風変わりだが刺激的な本がドイツで出版されたとき、フェーゲリンはある友人に告白した。この本は、新プラトン主義の創始者のプロティノス〔二七〇年没〕による錬金術の著作と、一四世紀後半に中世英語で書かれたキリスト教神秘主義文学の『無知の雲』と密接な関係にあり、「哲学における新しい文学形式」を極めたいと思った。ところが、これは実現しなかった。最後の仕事で、詩的衝動は学問を前に麻痺してしまった。また、一七年も待たされた後で、近代の進歩主義との戦いのためのさらなる弾薬を『秩序と歴史』の最後の数巻に期待していた、冷戦時代のアメリカ人読者を満足させることもなかった。ある保守系の批評家の書評によると、「キリスト教系保守主義者の希望は」、「近代のピラト」〔ローマ帝国ユダヤ属州第五代総督。新約聖書でイエスの処刑に関与したと伝えられる〕に裏切られた。フェーゲリンはアメリカ人が彼を分類したがるのを面白がってみていた。自伝によれば、長い経歴のなかで、彼はカトリック、トマス主義者、プロテスタント、ヘーゲル主義者、プラトン主義者と呼ばれてきたが、「思うにアメリカの政治家、ポピュリストであるヒューイ・ロング〔一八九三〜一九三五〕にも強く影響を受けたといわれたことも忘れずにいよう」。

根を張った独創的な花

概説的な歴史書は、歴史上の大きな事件を軸に展開するから、そうした事件についてはいわゆる多くを教えてくれるが、文明についての記述はあまり役に立たない。二つの世界大戦の衝撃がその後の欧米の思考をどのように形成したのかを理解したい人は、フェーゲリンの壮大な物語から学ぶべきことがたくさんある。その野心的試みは完全には実現しなかったとはいえ、二〇世紀の惨事がいかに重大な誤りであったか示すことができた。現代の政治的なメシア信仰の復活を不安に思う人は、グノーシス主義的な衝動への鋭い考察を参照したらよいだろう。しかしそれにも増して、公然と自身の動機や仮説を問いただし、固定観念を捨てたり、他は改めたりするのを厭わない態度こそ、今日、われわれがもっとも学ぶべきことだろう。甘酸っぱい文化悲観主義の心地よさをかなぐり捨て、西洋知識人がいまだに惹かれ続けている「いったとおりだろう」式の文明衰退論を問い直すには、かなりの自己認識と精神の自立を必要とする。エリック・フェーゲリンは多彩な顔をもっていた。アメリカの旅人、人種主義の批判者、素人歴史家、神話学者、体系の構築者、人間の意識の探求者、神秘主義者。こうした知《ヴィッセンシャフト》の裏側にのぞくフェーゲリンは、ドロシア・ブルックが哀れな夫カソーボン氏のなかに決して見つけられないものを持っていた。それは自由な精神である。

3　レオ・シュトラウス——アテネとシカゴ

古代ギリシアはもっとも美しい近代の発明である。
ポール・ヴァレリー

ハイデガーとの邂逅、そして対峙

レオ・シュトラウスは一八九九年にドイツのマールブルク郊外の田舎のユダヤ人家庭に生まれた。かつて彼が述べたように、少年時代の夢は素朴で牧歌的なものだった。田舎の郵便局員になって、うさぎを育てながら、プラトンを読んで人生を過ごすことである。家族はユダヤ教の教えを守っていたが、教養はなかった。第一次世界大戦に従軍した後、シオニストサークルに参加するようになり、機関誌に政治的な論考を書きはじめる。シュトラウスは複数のドイツの大学で哲学を学び、ハンブルクで新カント派の哲学者エルンンスト・カッシーラー〔一八七四〜一九四五〕のもとで博士論文を書いた。だが、生涯にわたる影響を及ぼしたのはマルティン・ハイデガーとの出会いだった。シュトラウスはフライブルクとマールブルクで彼の講義を受けている。彼は特権的な若きユダヤ人学生の世代の一人だった。仲間には、ハンナ・アーレント、ハンス・ヨナス、カール・レーヴィット〔一八九七〜一九七三〕、ヘルベルト・マルクーゼ〔一八九八〜一九七九〕などがおり、みな、ハイデガー自身が思想家へ変貌しつつあるときに、彼に出会ったのである。

一九二〇年代はじめにハイデガーは型破りな古代哲学の講義を開始した。プラトンとアリストテレスの思想をたんに解説する代わりに、これらの哲学者たちの根本的な前提、とりわけ「…がある」の存在論的な前提を暴き問いただした。彼の直観は、「…がある」を理性的に説明するために、初期の哲学者たちがこの問いを歪曲し、そのためなにかが失われ、考え方や世界におけるあり方すら放棄されたというものだった。この根源的な問いがシュトラウスのような学生をハイデガーに惹きつけた。ただの哲学教授に会うと思っていたところが、彼らは思想家に出会ったのだ。

当時、この問いとともにハイデガーがどこへ向かっているのかは明らかではなかった。数年もたってはじめてソクラテス以前の思想家へ回帰し、彼らが「存在の問い」を優先していたと論じた。「存在の問い」とは、「ある」がなにを意味するかであり、事物とはなにか、事物がどのようにあるのかではない。ハイデガーはさらに時間をかけてようやく根源的な思想を表現する。プラトンが「観念」について、アリストテレスが「本質」について語りはじめるや、「存在の忘却」が起こり、西洋文明に大きな影響をもたらしたという思想である。われわれは存在とともに本来の「住まい」から運命的に出立し、一歩を踏み出したが、その道は科学と技術による自然の征服と人間の自己疎外へとつながっていた。今日、われわれは本来の生を生きていない。ジャン＝ジャック・ルソーやロマン主義者がいうように、本来の無垢の善を失ったからではない。カトリックの反動家がいうように、教会を見捨てたからでもない。マルクスがいうように、資本主義の勃興のせいでもない。われわれが非本来的に生きているのは、ソクラテスのせいなのである。

ハイデガー主義者は独りハイデガー自身だけであった。だが、シュトラウスの仲間の学生たちはみな哲学の伝統と近代生活に対するハイデガーの二重の問いに影響を受けた。レーヴィットは哲学を離れ宗教と神学に向かった。マルクーゼはマルクス主義と政治活動に身を投じた。アーレントはこの問いの精神を近代政治と歴史に持ち込んだ。ヨナスはグノーシス主義と近代自然科学へ引き継いだ。しかし、シュトラウスだけはまったく異なる道を歩んだ。彼はハイデガーの正規の学生ではなかったので、おそらくそのために、仲間のだれよりも直接ハイデガーの挑戦を受けて立った。ソクラテスの哲学、少なくとも「哲学の可能性」の擁護に知的生活を捧げることになったのだ。彼の説明によると、西洋文明に問題が生じたのは、初期近代と啓蒙の思想家たちがギリシアの伝統から離れて、新たな礎のもとに哲学と政治をふたたび確立しようとしたときである。

これは学術的な不一致などではなかった。ハイデガーは西洋思想における決定的な歴史上の断絶を見た。その見方は彼の黙示録的な近代観、自然と調和した古い生活様式へのノスタルジアを反映し、また増長させもした。このノスタルジアのために、やがてナチス党に入党することになるが、そこには、ファシズムが人類と「存在」の関係を回復してくれるという、今日では理解しがたい幻想が働いていた(1)。ハイデガーが哲学者として影響力をもちはじめたのは戦後のことにすぎないが、彼の歴史観や政治観に納得したのは本人だけだった。

他方、シュトラウスのレガシーは二つの意味をもつ。哲学者としては、ハイデガー並みの名声を求めもしなかったし獲得することもなかったが、「古代人と近代人の論争」をめぐる彼の思索はとくにヨーロッパとアジアで影響を与えつづけている。しかし、喪失の歴史という彼の物語が政治的な意味を帯びたのは、教師として生涯を過ごしたアメリカにおいてだった。そして、彼が予想もしなかった仕方で、二〇世紀の終わりに、アメリカ政治を変えていくうえで役割を担った。ハイデガーの哲学者としての成功と政治的な失墜は現代思想史におけるもっともドラマチックな逸話の一つだが、彼の思想は西洋の政治的生活には目立った影響を与えていない。ところが、教室の隅に控えめに座っていたレオ・シュトラウスの思想は政治に大きな影響を与えたのである。

アテネか、エルサレムか

ハイデガーとシュトラウスにとって、哲学は〝生き霊《ドッペルゲンガー》〟にとりつかれていた。ハイデガーにとっては、答えがいつまでも見つからない「存在の思考」こそがソクラテス以前の哲学者が実践し、フリードリヒ・ヘルダーリン〔一七七〇～一八四三〕のような偉大な詩人が詩のうちにとらえたものだった。シュトラウスにとっては、その霊は神の啓示であった。彼の言葉によれば、西洋文明の秘密の源泉とその活力の源は、人間の状態に対処する二つの矛盾した方法の間の緊張にあった。

最古の方法は、あらゆる文明に見られ、神の啓示に導きを求める。もう一つの方法は古代ギリシアで発展し、もっぱら人間の理性に導きを求めた。この二つの間の緊張はすでにギリシア人の生活に現われていたが、聖書による啓示の伝統とギリシア哲学が出会ったことで、古代後期にはより高まった。この時点以降、明確に異なる考え方と生き方が思索する人々に示された。一つはアテネとソクラテスの生活のうちに、もう一つはエルサレムとモーセの生活のうちに理想化され、人間はこの二つのどちらかを選ぶ必要があった。

なぜか。シュトラウスの主張によれば、もし政治制度や市民教育を正当化するならば、あらゆる社会は本質的に、道徳や死すべき運命など、究極的な事柄について権威をもって説明する必要があるからだ。従来、神学がこの役目を果たし、聖なるものだからという理由で、律法に服従するよう人を説得してきた。この服従の代わりに哲学が示したものは、神学や政治の権威には目もくれずに、絶え間なく問いつづけるソクラテスの生活である。シュトラウスにとって、このアテネとエルサレム間の緊張は、人間社会に必要な、いずれにしろ避けられないものだった。宗教が与える道徳と死すべき運命についての権威ある仮説がなければ、社会は一つにまとまらない。だが、権威から自由にならなければ、哲学者たちは真理を追求できない。それが彼らをどこへ導こうとも。

ある意味、これは悲劇的な状況である。ソクラテスは神を信じないために処刑され、数世紀におよぶ宗教当局による哲学者の迫害がこれを物語っている。しかし、別の意味で、これは健全な状況でもある。哲学者と都市（国家）がたがいに教えあうものをもっているからだ。哲学者は権威の批判者として役立ち、真理と正義の名において都市の責任を問う。他方、都市は哲学者に気づかせる。彼らの住んでいる世界は完全には理性化できず、そこには普通の人々がいて、信仰にしがみつき、確実なものを必要としている。シュトラウスの判断では、もっとも賢い哲学者は政治哲学者であるべきことを理解し公益について考える。彼らはまた抜け目のない哲学者《ポリティック》として偽りの確信に挑むリスクを意識しなければならない。

啓蒙思想による破壊

初期の著作で、シュトラウスはこの「神学・政治的問題」と、近代啓蒙思想との関係について独特な解釈を行った。彼の見方によると、啓蒙思想家《リユミエール》たちは、ユグノー戦争に恐れをなし、古典哲学の超俗的な態度に嫌気がさしていたので、新しい社会をつくり、宗教と古典哲学、つまりアテネとエルサレムから自由になりたがった。一方で、彼らは宗教を嘲笑し粉砕しようとし、たんに距離を置くとか防御するだけでは満足しなかった。他方で、哲学のまなざしを、真なるもの、美なるもの、善なるものへの沈思から、より実践的な目的へ向けさせようとした。この方向転換の記念碑がフランスの『百科全書』だった。その背後にある仮説は、理性と経験主義的な探求に基づけば、世界は改革されうるというものだった。しかし、シュトラウスの近代史の読みによれば、この仮説が間違っていた。啓蒙思想家がなしえたのは哲学の使命を歪曲することにすぎず、哲学と世界がそのつけを払わされた。哲学は絶対的な真理への道としての自信をまたたく間に失くし、一九世紀に相対主義とニヒリズムを生みだした。ソクラテスの手本は忘れさられ、それにともないアテネとエルサレムのどちらかを選択する必要性を意識することもなくなった。

シュトラウスはエルサレムよりもアテネを選んだ。しかし、同胞の信仰を尊重する誇り高きユダヤ人として、高度に成熟した宗教が、とくに哲学しない普通の人々に、生き方として与えうるものを高く評価していた[2]。ユダヤ教は「忌まわしきもの《ランファーム》」ではなかった。ユダヤ人の区別が同化によって解消されるとも信じていなかった。彼もフランツ・ローゼンツヴァイクの考えを共有していたように見える。その考えとは、キリスト教とは異なり、ユダヤ教は決して歴史と折り合えない。啓示をつうじて与えられる真理を超歴史的とみなしていたからだ。近代のユダヤ系思想家たちはユダヤ教とキリスト教の区別を曖昧にし、信仰の改革を進め、近代の感受性との両立を目論んだけれども、それは失敗に終わるだろう。それもキリスト教の偏見のためだけではない。ユダヤ人の存在はつねに、政治はその彼岸にあるものから切り離され理性化されるという、啓蒙思想の希望に対する異議申し立てとしてありつづける。啓示の呼びかけをユダヤ人の生活、したがって政治から消し去ることはできない。ユダヤ人がいるところはどこであれ、エルサレムが存在するだろう。

堕落以前の哲学を求めて

シュトラウスとハイデガーが共有していた大前提は、西洋文明の諸問題は過去の思想の、より健全な、原《ウア》‐様態《モード》を放棄したことに端を発するというものだった。そしてハイデガーのように、シュトラウスは生涯の大半を費やして、重大な逸脱が起こった決定的な時点はいつだったのか見極めようとした。一見したところ、彼は過去の思想家をばらばらに研究したように見える。見事ではあるが特異でもある業績は、古典ギリシア哲学者と劇作家、中世のユダヤ教徒とイスラーム教徒の思想家、近代の主要な哲学者と広範におよぶ。実際、これらは失楽園を探し求める哲学的な実践であった。無論、このようなノスタルジアの探求はすでにそれが発見すると主張するもの、黄金郷《エルドラド》の存在を想定している。シュトラウスはプラトンの著作にそれを発見したと信じた。だが、それは近代の解釈者から解放されるべきプラトン的な人物であった。

シュトラウスが取り戻そうとしたのは、彼の言葉によると、「問いによって思考する《ゼテティック》」伝統、「秘教的な《エソテリック》」伝統である。ゼーテーシスはギリシア語で探求や問いを意味し、同じような意味のスケプシスと関連している。シュトラウスはソクラテスをゼテティックな思想家として理解し、問題を切り分けたままで宙吊りにしたと論じたが、これは標準的なソクラテス理解とは異なる。とくにプラトンの後期作品においては、ソクラテスは宇宙論、認識論、政治学、魂について精緻な理論を広めたと信じられているからだ。しかし、シュトラウスはさらに考えを進め、古代と中世のプラトン主義の伝統はソクラテスの活動から生まれ、政治・教育関係において秘教《エソテリシズム》を実践していたと示唆した。この主張は中世初期のイスラーム哲学者、アル＝ファーラービー〔八七〇?～九五〇〕の研究から生まれた。彼は中世のユダヤ人哲学者、マイモニデス〔一一三五～一二〇四〕に決定的な影響を与えた人物である。アル＝ファーラービーとマイモニデスは普通古典哲学と啓示の法を両立させようとしたと考えられている。これは公教的《エグゾテリック》な、公に認められるうわべにすぎず、その背後に微妙で秘教的《エソテリック》な教えが潜んでいる、とシュトラウスは確信するようになった。

　シュトラウスが述べるように、アル＝ファーラービーとマイモニデスは、古典世界にとっては未知の、啓示の宗教という後ろ盾のある強力な慣習に直面した哲学者たちだった。彼らの見立てによると、啓示と哲学はどちらか一方が他方を反証することは不可能なので知的に統合するには、どちらか一方を断念する必要があった。だが、同時に、彼らの理解では、哲学の懐疑主義は、哲学者本人や、ある水準では確実に信仰によって支えられる都市の道徳的・法的基盤に、深刻なリスクを与えうる。哲学は永遠に開かれた地平にあるため、道徳と死すべき運命についての基本的な問いの多くを未解決のままに放置する。大半の人、そしてあらゆる社会は、こうした問いに解答を必要とする。では、このような状況で、哲学者はどのようにして責任ある態度をとり、自分自身でありつづけることができるのか。

シュトラウスによれば、アル＝ファーラービーとマイモニデスは不注意な読者が哲学と啓示は両立可能であると思い込むような書き方をした。この公教的な教えは二つの恩恵をもたらす。まず、哲学者は神学・政治的権威から疑われることなく自由に生き教えることができる。また、そうした権威が理性の法廷の前で自らを正当化すべきであると教え、迷信と僭主制への歯止めとなる。しかし、注意深い読者はアル＝ファーラービーの著述が矛盾、脱落、奇妙な逸脱、無意味な反復、沈黙だらけであることに気づくだろう。読者は深く読みこむにつれ、哲学と啓示がまったく両立不可能であるという、異なる秘教的な教訓を学びはじめる。この秘教的な教えもまた二つの恩恵をもたらす。本物の哲学はあらゆる神学・政治的制約から自由でありうるし、あるべきだと読者に教える。また、具体例を挙げて慣習的な権威と無難にやっていく方法を伝授する。アル＝ファーラービーとマイモニデスの偉業は、哲学は秘教的に実践されると自由であり、公教的に実践されると政治的に責任を負う可能性があることを示したことである。

この発見をした後、シュトラウスは時間を遡り、「古代」あるいは「古典」哲学の伝統を理想化して描き出したが、これもまた秘教的であった。彼がこだわったのは、どのようにしてこの伝統が近代に消失したのかを確立し、物語を西洋思想（そして暗に西洋文明）の衰亡の神話《ミュトス》へ変えることだった。ここでシュトラウスがハイデガーに負っているものが鮮明になる。だが、彼らを同時に読むと、二人の流儀の違いがわかってくる。歴史的な悲観主義を知的ノスタルジアと言い換えた後で、それを政治的行動へフィードバックするやり方が異なるのである。ハイデガーは自らこのルートを歩んだ。近代哲学の偉大なる若きホープとしてスタートしたが、その一〇年後には、熱狂的なファシストとなり、「国家社会主義の内なる真理と偉大さ」を賛美し、政治的な不名誉のうちに生涯を閉じた。その間ずっと「神のみがいまわれわれを救いうる」と予言を繰り返した。これはとてもドイツ的な物語だ。他方、シュトラウスは静かな、慎みある生活を送った。アメリカ人の学生に教え、学術書を書き、政治に関わることは一度としてなかった。しかし、一九七三年に没してから数十年して、彼が創設した学派で学んだ学生のうち、驚くべき数の学生が哲学教授の道ではなく、ワシントンの政党政治における闘争に関与するようになった。こちらはとてもアメリカ的な物語だ。

アメリカに渡って

シュトラウスがアメリカに来たのは中年になってから、三八歳のときだった。一九二〇年代の大半をさまようドイツの学者として過ごした。さまざまなユダヤ系の研究所で働き、教鞭をとり、スピノザとマイモニデスについて本を書いた。彼の境遇についに変化が訪れるのは、一九三二年、ロックフェラー奨学金を得て、パリで研究生活に入ったときである。一九三四年までパリで過ごし、それからイギリスへ渡り、一九三七年まで滞在した。ドイツで起きていた出来事を考え合わせると、この奨学金によって命を救われたといえるかもしれない。イギリス滞在中に、シュトラウスはホッブス論を出版して称賛を得た。イギリスは彼が愛し、書簡から判断すると、ずっととどまりたいと思っていた国だったが、大学で教鞭をとれる見込みはなかった。パレスチナも同様で、友人のゲルショム・ショーレムが働きかけたものの職を確保できなかった。

結局、シュトラウスはアメリカという、それまで関心を払ったことがなかった国に、期待することになった。コロンビア大学で研究員として短期間過ごした後、一九三八年にははじめてニュースクール大学に定職を得る。そこで一〇年間、無名だが、知的には生産的な時期を過ごした。一九四九年にニュースクール大学からシカゴ大学に移り、以降二〇年間そこにとどまって「シュトラウス学派」を創設する。

シュトラウスがシカゴへ移ったのは、アメリカの高等教育史上、重要な時期だった。第二次世界大戦がちょうど終わり、ナチズムは敗北し、ソヴィエト共産主義との冷戦がはじまっていた。大学は規模を拡大し入学枠を広げ、それまで入れなかった学生も受けいれるようになった。このような環境で、背の低い、控えめな、甲高い声の外国人が教室に入ってくると、学生が昂奮したのは容易に想像がつく。偉大な本を、一行ずつ、分析しはじめる。それらの本はもっとも切迫した実存的、政治的問いを扱っている、そして真理が含まれているかもしれない、と教師は主張する。この影響を強く受けたのは、ユダヤ系アメリカ人学生であっただろう。まだ文化的同化がもっとも賢明な道に見えた当時、彼らはユダヤ教と哲学の伝統を同じ真剣さと威厳をもって教えてくれる教師を前にしていたのである。

シュトラウスは明快で直接的な教授法で有名だった。課題のテクストの一行を学生に読ませ、シュトラウスがコメントをし、先行する行との矛盾や相違点を指摘する。それから学生が質問をし、それをきっかけにシュトラウスが脇道に逸れ、質問をより高度なレベルで扱い、しばしば世俗的な例を挙げて説明する（当時の新聞の相談欄「親愛なるアビー」[1]から例を挙げるのがお気に入りだった）。それからまた次の行を読む。これだけである。恣意的な歴史的文脈において作品を解釈するような試みはいっさいなされなかった。実体のない思考の流れを強調することもなかった。唯一意味のある質問は、アリストテレスでも、マイモニデスでも、ロックでも、ニーチェでもいいが、とにかく哲学者がその作品のなかでなにを意味しているのかだった。また、全体として読んでみて、著者は果たして正しいのかどうかであった。(2)

『自然権と歴史』

シュトラウスのゼミはつねに一人の哲学者の仕事に集中しており、決して思想史のように広大な領域を扱うことはなかった。しかし、シカゴに着任してまもなく有名なウォールグリーン講義を行うよう依頼される。この講義はようやく一九五三年に『自然権と歴史』として出版された。(2) この本は彼の著作のなかでもっとも広く読まれ、シュトラウス学派創設の書といってよい。いわば、シュトラウスの市民権申請書であり、彼なりに政治学の教授職を受けいれたことを意味した。

『自然権と歴史』のなかでシュトラウスは、政治哲学史に関する独創的な理論を多く展開した。矛先はすべて標準的なホイッグ党の進歩史観に向けられ、それは古典時代から中世キリスト教を経て、近世の僭主制、後期近代の民主主義や社会主義思想へと着実に進歩してきたと説明するものだった。シュトラウスは、ソクラテスからトマス・アクィナスまで連綿とつづく、一貫した「古典的自然権」の伝統が存在したと見るのは正しいと主張した。この伝統は自然と慣習を厳密に区別し、正義は前者と一致し、決して後者とではないと論じた。自然の支配が哲学に由来するのか、あるいは啓示によるのか、また自然についての説明の優劣などはさして重要ではない。シュトラウスによれば、より重要なのは、自然の正義こそが基準となって、政治制度を評価すべきだという確信である。シュトラウスの見方では、マキャヴェッリが行ったのは、この基準への本格的な反乱、キリスト教だけでなく、古典的な自然権の伝統全体への反乱であった。この断絶が生じるや、近代思想が、自由主義とロマン主義を経て、相対主義とニヒリズムに陥るのは時間の問題だった。『自然権と歴史』の緻密ですばらしい議論はまれにみる威風をもって展開されるが、シュトラウス独特な直截さと皮肉を失ってはいない。哲学史を物語ってはいるものの、根本的な問いを真剣に考えるよう読者に迫る語り方である。だが、納得するかどうかは別の問題だ。批評家たちはシュトラウスをさまざまな点で非難してきた。いわく、とりあげる著者たちがまったく異なる時代に生きていたことを無視している。キリスト教が古典時代と手を切ったこと、近代の人権や立憲政治はキリスト教に根ざしていることを無視しないまでも過小評価している。その他多くの間違いがあると。シュトラウスの弟子たちですら認めていることだが、自然権の扱いとソクラテス的方法の扱いに矛盾がある。ソクラテスはあらゆる権威への依存も問題があると考え、自然の権威もその例外ではなかったからである。

しかし『自然権と歴史』の本当の問題は歴史的なものではなく、教育上の問題だった。戦後シュトラウスが大陸ヨーロッパに戻って教えたとしたら、学生はすでに、表面的にすぎないにしても、高校で哲学史を習っていただろう。そのため、学生は歴史主義や相対主義に影響を受け、まさに自然権という考え方に反発したことだろう。しかし、その代わりに、今日のヨーロッパの信奉者がそうであるように、シュトラウスを自らの目的のために哲学の伝統を探求している思想家とみなしただろう。他方、アメリカの信奉者にとっては、そうした観点からシュトラウスを見るのは難しい。独創的な思想家とみなし、彼を手本にして、自らの思想を追求しようとは考えない。アメリカでは、シュトラウスはソクラテスというよりはモーセとして扱われた。『自然権と歴史』はシナイ山からもたらされた石板のごとくみなされた。三〇〇頁にも満たないその著書は、哲学史を知らないアメリカ人の学生たちにとっては、叙事詩、「いったとおりだろう」という叙事詩であり、黄金時代のアテネから現代の鉄の時代にいたる人類の知的衰退をたどった。これは一種の脚本である。だが、ヨーロッパの高校で他の科目といっしょに教えられる脚本とは違って、この脚本は単線的な物語の展開においてアメリカに重要な位置を与えた。

シュトラウスは冒頭でアメリカ独立宣言の言葉を引用する。「我々は、自明の真理として、……信ずる」[3]。そして問う。いまでもそう考えているか。現代の西洋はいまでも自然の「一定の奪いがたい天賦の権利」[4]を信じているのか。シュトラウスが冷淡にいったように、われわれはむしろ「すべての人間は進化の過程あるいは神秘的な運命によって種々の衝動や熱望を付与されているが、自然権だけは確実に付与されていない」[5]と信じているのではないか。もし後者であれば、近代の自由主義は相対主義へ堕してしまったことを意味するのではないか。そしてそれは二〇世紀の政治的惨劇を産み落としたニヒリズムの類いと区別がつかないのではないか。シュトラウスは「現代における自然権の否定は、ニヒリズムに至る」[6]「否むしろそれはニヒリズムと同じことなのである」[7]と書いた。古典哲学を再発見しようという一見したところ骨董趣味的な仕事へ関心をそそるレトリックとしては、この序文はすばらしく成功している。しかし、そのような企てがアメリカの運命と一心同体だという独特の思想も提示しているのである。

西洋近代の危機

シュトラウスはアメリカ思想について一本として論考を書かなかった。「現代の危機」について短い論考を書いたものの、ヴァイマールの文化悲観主義の印象に残らない実践にすぎず、アメリカの生活にはほとんど理解を示さなかった。『自然権と歴史』以降、シュトラウスはシカゴ時代の大半を、哲学史上の重要なヨーロッパの思想家について講義をし、おもに政治的な著作に集中して過ごした。当時の彼の弟子たちの興味もまた古典を研究し、古代人・近代人論争を甦らせ、哲学生活を貴族的なものと理解し、野卑なアメリカの民主主義的環境にそれを順応させることにあった。彼らはシュトラウスを模倣しようと最善を尽くしたが、大きな違いは、伝道師の熱意と道徳的向上というレトリックであった。ときに弟子たちの著作はこうした熱意やレトリックだらけなことがあった。初期の弟子のうちには現代政治に関わった者もわずかだがいた（一人は一九六四年の共和党大統領候補バリー・ゴールドウォーター〔一九〇九～一九九八〕の演説を書いた）[8]。保守主義者たちが彼に惹かれたのは本当だ。シュトラウスが近代の進歩思想に懐疑的で共産主義に敵意を抱いていたからである。しかしそれは冷戦下のリベラルも同じだった。彼のリンカーンへの称賛を共有し、リベラルな民主主義の弱点を明確に把握して擁護しようとしたのである。当時、彼らの大半はおそらく民主党支持者で、市民権運動を支持した。とはいえ、シュトラウス学派は学者集団であり、政党活動家ではなかった。

一九六八年以降、これがすべて変わってしまった。大学は内側から崩壊し、シュトラウス学派は学生運動とその後アメリカ社会に起こったものすべてを深刻に受けとめた。シュトラウスから弟子たちが学んだのは、純粋な教育は必然的にエリートの企てであり、平等化が進む民主主義的社会では維持しがたいというものだった。そして『自然権と歴史』のおかげで、「ニヒリズム」の脅威を常に警戒していた。その脅威は近代生活の隙間に潜み、アメリカをヴァイマールにすべく、解き放たれるのを待っていた。これがアラン・ブルームのベストセラー、『アメリカン・マインドの終焉——文化と教育の危機』の前提だった。〔9〕この本はアメリカ人青年の状況に真剣に目を凝らしているが、その結果は、世界の痛み《ヴェルトシュメルツ》や政治危機の予言だらけとなってしまったのは、同じ理由による。ブルームや他の影響力のあったシュトラウス学派の数人は一九六〇年代にコーネル大学で教えていた。コーネルはとりわけ学生の暴力、人種攻撃、大学への攻撃を前にリベラルが立ちすくんでしまった、という醜い経験がある。建物は乗っ取られ、教員は脅され、学長は攻撃された。あの瞬間はブルームにとって黙示録的な啓示のように見えただろう。「ニュールンベルクであろうとウッドストックであろうと、原理は同じだ」〔10〕「アメリカの啓蒙主義は、六〇年代にいまにも息絶えようとしていた」〔11〕という事実に目を開かせたのである。

一九六〇年代以降、新たな、より政治的な教理《カテキズム》がシュトラウスの弟子の一部に広まっていく。党派に属さず古典文献を教えるのに没頭しているシュトラウス学派はいまでも大勢いるが、それ以外の多くはアメリカの大学と社会の変化がトラウマとなり、当時ニューヨークとワシントンで形成されつつあったネオコンのサークルにしだいに引き寄せられた。これらの政治に目覚めたシュトラウスの弟子たちが教えた教理はどこにも記録されていない。それは、秘教的な方法で伝える秘密の原理があるからではない。教理は、今日彼らがシュトラウスについて、また自身と自国について考える方法のなかに、あまりに深く浸透しているので、その哲学的・政治的教義をあえて表現する必要がないのだ。

それは次の前提からはじまる。近代のリベラルな西洋は危機にあり、歴史的相対主義に煽動されている内外の敵から知的に身を守れない。この危機により、近代思想がどのようにして袋小路に行き当たったのかを理解することを余儀なくされ、古典思想との断絶へと立ち返ることになる。そこで古典哲学の良識に気づく。古典哲学こそが、自然権と政治の根本問題について、直接的には熱心な支持者たちを、間接的には政治家たちを教育してきた。そうした教育の実践を、とくにアメリカにおいて復興させるべきだという提案がなされる。アメリカは自然権の観念に基づいて意識的につくられた国であり、したがってそれがいまだに真剣に受けとめられているからである。このような実践はアメリカの政治体制を強化するだけでなく、あらゆるところでリベラルな民主主義を守るのに役立つだろう。

暗黙の結論は、アメリカには救済という歴史的な使命があるというものだ。これはシュトラウス自身がどこにも表明していない思想である。

ネオコンの教祖として

二〇〇三年はシュトラウスの没後三〇周年だった。この年、ヨーロッパでシュトラウスの思想に関するすばらしい本が数冊出版された。死後も名声は高まりつつあり、著作の翻訳も出ている。ドイツ人学者の編纂による全集が着々と刊行され、シュトラウスの初期におけるシオニズムとの関わり、ユダヤ教観、啓蒙批判、より一般的な「神学・政治的問題」へ関心が集まっている。また、全集版によって、ヴァイマールのドイツ・ユダヤ文化の中心人物として彼を位置づけることが可能となり、彼の世代のもっとも偉大な精神の一人であることが明らかになった。ヨーロッパの読者たちはシュトラウスのアメリカの弟子たちの政治活動にはまったく興味を示さず、またその知識もない。

だが、これは二〇〇三年にアメリカで議論され、噂になったシュトラウスではなかった。彼の命日はたまたまアメリカのイラク侵攻の日と重なり、戦争への準備が進むなか、ジャーナリストたちはイラク侵攻を支持する著名人の何人かがシュトラウス学派で学んだことに気づいた。そこでこんな考えが広まった。アメリカのネオコンが展開した、民主主義を後押しする介入主義政策の背後にいる黒幕的な思想家が、シュトラウス自身だったというのである。シュトラウスなど読んだこともない記者たちが彼の緻密な古代、中世、近代政治思想の注釈を漁り、イラク侵攻の原因となる証拠を探し回った。ところが、なにも見つからなかったため、シュトラウスは自分の思想を書いたことがなく、熱狂的な信奉者に秘密の政治的な教義を秘教的に伝え、その後彼らがアメリカ政府に潜入し、二枚舌をもちいて巧みに取り入った、と示唆した者もいた。イデオロギーの周辺では「秘密結社《カバル》」という言葉がときにもちいられたが、反ユダヤ主義という含意があることを知らなかったのだろう（と期待したい）。

レオ・シュトラウスとイラク戦争に関する疑いは見当違いであり、すべてはありそうもないことだった。しかし、シュトラウス学派とアメリカ右派の関係は本当だといってよい。シュトラウスを読むことから弟子たちが学んだのは、哲学者たちは理想の都市（国家）を実現しようと試みてはならないが、自身が住む都市に対して責任があるということだ。シュトラウスをそのように読んだ教師から、国内外で直面する脅威からリベラルな民主主義を擁護することが重要であると教えられる。さらに、アメリカの建国、政治家の栄光、思慮分別という義務、市民としての徳の必要性について、うんざりするほどたくさんの学識を詰め込まれ、ついには、アメリカは一九六〇年代以降ニヒリズムに陥っており、たとえどんなに俗悪なものであっても、右翼のポピュリズムと宗教的原理主義者たちこそが、アメリカが善悪という基本観念を取り戻すのに貢献している、と考えるよう促されるのである。これが、シカゴのゼミ室から過去五〇年にわたってアメリカ政治を変えてきたワシントンの右翼の政治・メディア財団の複合体へつづく道である。アテネからなんとかけ離れたことか。

アメリカの思想史上の短期間に起きたこの出来事はアイロニーに満ちあふれすぎている。アメリカ以外のどこに、真の教育とはエリートのものだと確信しているヨーロッパ人の思想家が、ポピュリストの政治家と連携するような弟子を育てたりする国があるのだろうか。アメリカ以外のどこに、秘教的な教師は哲学的探求を政治の害から守ることに気をかけているのに、その著作を利用して、青年があやしげなイデオロギーの庇護者となるべく教育されるような国があるのだろうか。アメリカ以外のどこに、ソクラテスの懐疑的な問いが国家的な理想への信仰告白を促すような国があるのだろうか。そう、ヘンリー・ジェイムズは正しかった。アメリカはあらゆるヨーロッパの遺産に対して厳しい態度をとるのである。

第 II 部

反動思想の潮流

CURRENTS

4 ルターからウォルマートへ――「選択しなかった道」という誘惑

先祖伝来の家具の所有は骨董好きの魂にあってはその意味を変える、つまりむしろ魂が家具に所有されとりつかれるのだ。〔1〕

ニーチェ

黄金時代に住まう人は大概すべてが黄色に見えると文句をいってまわる。

ランダル・ジャレル

神話との闘争

歴史を物語る方法はそう多くない。なかでも最古からあり時代を超えて残ったのは年代記である。年代記はみなどこかバイユーのタペストリーに似ている。刺繍が施された一一世紀の絵巻物で、ノルマン征服にいたる一連の出来事が描かれている。この巻物を繙くと、船上で戦う水兵たち、馬上で戦う騎士たち、剣を振りまわす戦士たち、ときには趣向が変わって、ノルマンディー公や城の様子が次々と現われる。これが二〇〇フィート以上もつづくのである。年代記はあらゆることを記録しようとするため、すばらしく乱雑な文書と化し、現実のようにとりとめがない。そこからこんな印象を受ける。人間の行動にともなう結果を左右するのは、行為者が時間のなかで選びとるものであり、言い換えれば、人はタペストリーを織りあげながら生きていくということである。

ヘブライ語の聖書はこうした伝統に連なる。契約の年代記があれほど劇的なのは、あらゆる感情的な紆余曲折のうちに、神の自由と人間の自由が予想もつかないかたちで邂逅したからである。神はアブラハムを選んだが、果たしてアブラハムは神を選ぶのか。結果的にアブラハムは神を選ぶことになるが、今度は息子のイサクが契約を守るか否かを選ばなければならなかった。さらには、孫のヤコブとエサウ兄弟にも引き継がれ、それが子孫たちにも代々つづく。ここから生じる物語は重要である。摂理の抗いがたい作用を露わにするからではなく、まさに隠蔽するからだ。人間が選ばずして、神に選ばれることはないと教えてくれる。

人間はこのような物語とそれにともなう神々に満足すべきところだが、そういう人はほとんどいない。年代記は歴史に対する責任を人間の卑小な肩に負わせるが、そんな負担はだれもが願い下げである。人間というものは慰めを求める動物である。そのため、太古の昔から、数々の神話をでっち上げ、世界がいまあるかたちをとるにいたった根源的なプロセスを理解していると納得してきた。このような神話は歴史上のはるか昔に起きた創造神話《ビッグバン》からはじまり、その後、生命は、正確に予測できないにしても、意味ある方向へと発展していく。その心理は次の事実から明らかである。一般的な歴史神話は、文明初期において慰めとなったものだが、そもそも呪われた衰退の物語であり、なぜ人生がこれほど辛いのかを過去に遡って説明するものである。私たちが苦しむのは鉄の時代に生きているからであり、黄金時代の起源から遠く隔てられてしまったからだ。いい子にしていれば、おそらくいつの日にか、神々が微笑みかけ、失われた世界へ連れ戻してくれることだろう。

キリスト教はそのような衰退する運命にある古代の物語に背を向けた。しかし、アウグスティヌスからカール・バルトにいたる神学者たちの最善の努力にもかかわらず、歴史的な神話づくりからは逃れられなかった。ヘーゲルが見事に定式化したように、その理由は、キリスト教の啓示が、神が独特にも歴史的な時間のなかへ入り込んだことに基づいており、古代にあった神と人間の関係を変えはしたものの、無効にできなかったからである。したがって、キリスト教は啓示により生じた受肉以前の時代、現在のキリスト教の世紀《サエクルム》、キリストの復活によって救済がはじまる時代からなる複数の歴史的時代を一つの物語に収斂させる必要に迫られた。四世紀はじめに、カエサレアのエウセビオス〔二六三頃～三三九〕がキリスト教の思想家としてははじめてその要請に真剣に取り組み、彼の進歩的な物語は以降の西洋思想における歴史観を多くかたちづくることになった。彼の説明によれば、神は摂理の一方の手を使い、ヘブライ人の歴史をアブラハムからイエスへと導くことで「福音を準備」し、もう一方の手で、ローマを小さな共和国から広大で強力な帝国へ築き上げた。コンスタンティヌス一世〔二七二～三三七〕のキリスト教への改宗とともに、この二つの軌跡が出会い、神の真理と世俗的な権力が融合し、地上における神の王国の新たな時代がはじまった。異教徒たちの悲観的な「失われた世界」神話に対して、エウセビオスは楽観的に別れを告げた。

しかし、エウセビオス主義は神学的な罠であった。というのは、良くないことが起きるや、神話とそれにすがる希望がもろくも崩れはじめるからである。四一〇年のローマ略奪の後、アウグスティヌスはこれに直面した。絶望が瞬く間に広がり、ローマのキリスト教徒たちは見捨てた古代の異教の神々によって罰せられているのではないかと疑いはじめた。彼らの精神的な支えとなるように、アウグスティヌスは『神の国』を書いた。[2] いまでもキリスト教徒が書いた歴史書のなかでもっとも偉大な一冊である。異教徒はキリスト教が女々しくも堕落したせいでローマが崩壊したと非難したが、アウグスティヌスは異教の敵どもを論破する以上のことをした。キリスト教思想を歴史の流れから切り離し、終末論的な最後へと新たに方向づけたのである。神がなぜ異教徒のローマを繁栄させ、教会に結びつけたのか、私たちは知らない、とアウグスティヌスは読者に語りかける。神がなぜローマを崩壊させたのか私たちは知らない。それは神の仕事である。私たちの仕事は福音を説き、正しく、信心深くあり、神に仕えることである。後は神の御手の中にある。

『神の国』は書かれた直後からカトリック神学の礎となったが、エウセビオス主義の誘惑は巨大でありつづけ、アウグスティヌスですらそれに抵抗できなかった。彼はその傑作を書いている間、弟子のオロシウスに『異教徒に反論する歴史』を書かせ、実際、キリスト教の到来以来、生活がしだいに向上してきたことを実証した。そうした議論も必要とされる場合に備えてのことだ。この緊張、つまり、アウグスティヌスのただ通り過ぎる巡礼者のための教会のイメージと、エウセビオスの勝利の教会のイメージとの緊張は、カトリックの中世において解消されることはなかったが、それには正当な理由があった。数世紀におよぶローマ教皇の権威をめぐる内紛や、東方教会やトルコ人との対外的な紛争にもかかわらず、ローマカトリック教会は実際に勝利を収めたように見えたのである。

しかし、ついにプロテスタントの宗教改革が起きた。中世のキリスト教徒にとって、宗教改革の衝撃は計り知れないほど大きかった。四一〇年以降にローマのキリスト教徒が体験したのと同様だったが、一つだけ大きな違いがある。マルティン・ルター、ジャン・カルヴァンら過激な改革主義者の攻撃にさらされて以降、ローマカトリック教会は近代のアウグスティヌスを一人として輩出しなかった。啓蒙思想の後もアウグスティヌスは現われなかった。同じことが近代のおもな歴史的変化の時期にいえる。たとえば、アメリカ独立革命やフランス革命、産業革命、一九世紀の社会主義革命、ダーウィンの進化論の普及、ヨーロッパの学校の世俗化、参政権の拡大、共産主義やファシズムの勃興、植民地独立、産児制限やフェミニズムなどである。教会はこれらの挑戦に対して伝統的な方法で応答してきた。まず、革新者を糾弾し、次いである程度の相違を許容し、最後にそのような革新はカトリック教義とずっと連続していたと宣言するのである。しかし教会の反応は鈍く、近代史の動きは速い。このため、プロテスタントの宗教改革から五世紀もの間、歴史に対抗する平衡力を一度として見出せなかったのである。カトリック教会には広範に認められた、語るに値する歴史神学がなかった。ただ時々の教皇の移ろいやすい気分を反映する一連の回勅があるだけだ。近代史を思考することはおもに世俗の知識人に任されてきたのである。

「選択しなかった道」の系譜

世俗の思想家が牽引するカトリック歴史学の黄金時代は一九世紀だった。フランスの作家、反革命家のルイ・ガブリエル・ド・ボナール〔一七五四～一八四〇〕、フランスのカトリック聖職者のフェリシテ・ド・ラムネー〔一七八二～一八五四〕、ド・メーストル、スペインの政治思想家のドノソ・コルテス〔一八〇九～一八五三〕など、反革命の思想家たちが「失われた世界」の物語を洗練させ、それ以来、反動的な政治運動を助長してきた。しかし、二〇世紀になると、聖も俗も等しく、穏当で受けいれられやすい物語を紡ぐようになり、いまでもカトリック教徒の間で魅力を失ってはいない。これを「選択しなかった道」と呼ぶことにしよう。

こうした語り手によれば、中世または近代のはじめのある時点で、西洋は決定的に道を間違え、近代へとつづく道を歩み出し、そのためさまざまな問題が生じたという。だが、これは一人の人間に帰すことも、一つの出来事に帰すこともできない。非難されるべきは哲学者たち、神学者たち、そして教会のヒエラルキーそのものである。これは悲劇的な展開だった。だれもがもう少し辛抱強かったなら、教会は進歩を続け、良い方向へ向かっていたことだろう。いずれにしろ中世が衰退し、新たな社会が発展するのは明らかだった。そうだとしても、近代史はあのように極端な変化を被ることはなく、最悪の事態は回避できたはずだ。変化はより緩慢で、カトリック教会が過激な攻撃にさらされることもなかった。教会も、フランス革命から第二バチカン公会議にいたるまで続く反動的な弱腰に陥らなかったのではないか。だとすれば、道徳的な議論も柔軟な正統派カトリックの範囲内に収まり、重要な人間的価値が世俗の独断論や懐疑主義に脅かされることもなかった。その結果、私たちは野蛮な産業革命、近代科学という怪物、現代の空虚な個人主義から容赦され、全体として、より幸福な、実りある、人間的な存在を生きていただろう。

このジャンルで刺激的なカトリックの書物が何冊か書かれている。なかでも優れているのが、偉大なフランスの中世学者、エティエンヌ・ジルソン〔一八八四〜一九七八〕による『中世における理性と啓示』[3]である。ジルソンが一九三七年にヴァージニア大学で行った連続講義をもとにした本書は、テルトゥリアヌスなどの教父時代の反知性的起源から後期スコラ学の超理性主義にいたる、カトリック神学史をたどるものだ。ジルソンはいずれの立場も否定し、古典的なトマス派の立場を採り、アクィナス、独りアクィナスのみが、神学の真理と哲学の真理にふさわしい方法で、理性と啓示を両立させることに成功したと論じた。だが、トマス派の壮大な統合が、それを改革しようとしたオッカム派やスコトゥス派をはじめとするスコラ哲学者によって切り崩されると、反動がはじまり、マルティン・ルターの粗野な「聖書のみ《ソラ・スクリプトゥラ》」とデカルトの冷たい科学的合理主義への道が準備された。どちらも西洋精神にとって災厄でありつづける。だが、『神学大全』はいまだそこにあり、「選択しなかった道」へ手招きしている。

同じスタイルでより政治的な著作も書かれた。第二次世界大戦中に、ヨーロッパのイエズス会士が、説得力ある思想史をスイスと占領下のフランスで出版したのである。ハンス・ウルス・フォン・バルタザール〔一九〇五～一九八八〕の記念碑的で大きな影響力をもった『ドイツ的魂の黙示録』は、観念論者とロマン主義者からハイデガーとカール・バルトにいたる、プロメテウスのように独創的な近代ドイツ思想の流れをたどった。アンリ・ド・リュバック〔一八九六～一九九一〕の『無神論ヒューマニズムの劇』によれば、オーギュスト・コント〔一七九八～一八五七〕、マルクス、ニーチェといった一九世紀の思想家は、近代人が自らを神とみなすようになることを予言し、そのような自己神格化が無情にも人間の脱人間化を招いたという。しかし、バルタザールとリュバックは素朴に文明の衰退を主張したりはせず、想像上の失われた世界を理想化することもなかった。彼らが物語ったのは、見捨てられた知的伝統へふたたび注意を向けるためだった。世界大戦という大惨事の後でそれを復活させたいと望んだのである。

今日、そのような大惨事の時代を生きていると思う人はそう多くない。だが、ここ三〇年の間に、「選択しなかった道」というジャンルは、左派と右派の反近代を掲げるカトリック教徒（とイギリス国教会の一部）の新世代において復活の兆しをみせており、イギリスのポストモダンなラディカル・オーソドクシー運動〔反啓蒙思想・近代の立場から神学と哲学の関係を問い直す運動〕からアメリカの神権政治保守主義《セオコン》にまで及んでいる。彼らが揃って手本としたのは、現代の書物のなかでとりわけ影響力があった、アラスデア・マッキンタイア〔一九二九～　〕の『美徳なき時代』〔一九八一〕である。[4] 元マルクス主義者でカトリックに改宗したマッキンタイアは、思想史と哲学の境界を消しながら、現代の暗い世界がどのようにして成り立ったかについて説明する物語を説得的に語った。

　むかしむかし、アリストテレスの道徳を熟慮する伝統が古代からカトリックの中世まで連綿とつづき、個人生活や集団生活において美徳を理解し実践するための一貫した物語を西欧人に与えました。しかしながら、その伝統は「啓蒙のプロジェクト」によって破壊されてしまいました。このため、数世紀におよぶ積み重ねが台無しになり、カトリック教会の営為や、健全な社会が実践の生きた伝統のうちに道徳を基礎づけようとする営みも無に帰しました。この伝統を破壊することで、啓蒙思想は私たちが今日生きている貪欲な資本主義、ニーチェ主義、相対主義的でリベラルな情緒主義〔道徳判断は信念ではなく、一種の感情の表現とされる思想〕への道をはからずも準備してしまいました。もはや「道徳的一致など期待できない」社会なのです、等々。

　マッキンタイアははっきりと中世に回帰したいとはいっていない。代わりに、彼の本は夢のような呼びかけで締めくくられる。かつての思考様式に礎を置く、新たな道徳的共同体を創設し、ふたたび道徳的な生活を維持しようと呼びかけるのである。最後の一文は「今私たちはゴドーを〔5〕ではなく、もう一人の――疑いもなくきわめて異なった――聖ベネディクトゥス〔6〕を待望している〔7〕」。

宗教改革という名の堕落

『美徳なき時代』は歴史研究書でもなければ、そうあろうともしていない。主張は激しいものの、本を閉じたとき、覚えるのは祈りの感覚である。同じことが、歴史家ブラッド・グレゴリー〔一九六三～　〕の『意図せぬ宗教改革』にもいえる。(1) 浩瀚だが、広く論じられ、やはりマッキンタイアに刺激を受けた本である。一見したところ、普通の歴史書と変わらない。宗教改革以降の哲学、政治、教育、経済、市民社会における発展についての野心的な内容からなり、一五〇頁におよぶ豊富な注もついている。だが、本書に深く立ち入れば、バチカンの洞穴の壁に映し出された影絵の人形劇を観ているような気分になる。カトリックの観点から書かれた、宗教改革以降のわかりやすい西洋史は、当時と現在のわれわれを理解できるという点で、歓迎すべき研究である。ところが、グレゴリーが提示するのは、

「選択しなかった道」についてのカトリック版歴史ツアーガイドであり、ずる賢くもあり、秘教的でもある。これがリベラルな現代社会の左派にも右派にも受けいれられ、批評家たちからも暖かく迎えられた。神学政治的に神話を語ることは、世俗的な時代の荒廃をどうにか生き延びたのである。

著者によれば、本書は「ヨーロッパと北米がいかに今ある姿になったか」を説明することを目的としている（とはいえ、二頁もめくれば、ヨーロッパにはほとんど言及せず、アメリカ中心主義の「西洋」史と堕している）。では、われわれはいまどのように暮らしているのか。あまり良くはない、とグレゴリーは心配する。政治的生活は二極化し、「ウォルマート資本主義と消費主義」が崇められ、環境破壊は憂慮すべき速度で加速している。教育水準は低下し、公共の言説はＰＣと文化相対主義に支配されている。グレゴリーにとって、これらの膨大で多彩な問題は単一の起源をもつ。近代社会の「超《ハイパー》多元主義」である。この用語は機械的なテンポで規則的に使われ、連発される「決して終わらない」「混乱させる」「意図しない」「歓迎しない」「腐敗した」「覇権主義的な」といった形容詞によって修飾される。あるとき、グレゴリーは「西洋人はみな『なんでもありの王国』に生きている」と宣言するにいたる。

生きているかぎり逃れられない。この超多元主義は現代のさまざまな制度、とくに大学に深く根づいていて、異議を唱える者は知識社会から追い出されるからである。一方で、「真理の主張と宗教的実践に関していえば、法律の範囲内であれば、文字通りなんでも許される」。他方、「数十億もの人間が宗教的真理だと主張するところについては、大部分の研究機関がそれ自体として研究することを拒否している」。大学では「『人生の問題』に対し、宗教的に意味のある答えを出さない研究者が……統計的に多すぎる」。グレゴリーを悩ますものは社会に合意がないということではなく、道徳的な多元主義への支持が社会的に合意されているということである。「しっかりとした公共善が共有されないばかりか、（少なくとも近い将来において）それを編み出そうという現実的な見込みすらないのである」。さらに、カトリック系の大学からも手助けは期待できない。近代を受容したと見せかけるのを急ぐあまり、「破壊的な思想を積みこんだ知的なトロイの木馬を期せずして招じ入れてしまった」からである。

グレゴリーは二つのたがいに関連しない物語によって、いかにすべてがおかしくなったかを説明する。おそらく一つで読者を説得できないにしても、もう一つがしてくれると願ってのことだろう。一つ目は歴史上の宗教改革についての物語である。グレゴリーは宗教改革に先立つカトリック中世の歴史を手短に紹介することすらしない。ただ、単一の、安定した、バラ色の「失われた世界」のイメージだけがある（また「カトリック」という言葉を避け、代わりにより含みの多い「中世のキリスト教」というのを好む）。中世は完全に幸福な世界ではなかったにしろ、少なくとも調和のとれた世界だった。これは一般に考えられているものとは異なる。たしかに、神学上の不和や権威をめぐる争いがあった。教皇たちは、修道会や、カトリック教会評議会や、皇帝たちや、王子たちと争った。たしかに、教会は東西に分かれ、長きにわたって、敵対しあう教皇たちがいた。間違いを犯したのもたしかである。異端者を乱暴に扱い、無意味な十字軍を送り出し、ユダヤ人やイスラーム教徒を追放したり、さらに手ひどく扱ったりもした。それにもかかわらず、これらすべてをとおして、カトリックの「反対物の複合《コンプレクシオ・オポジトルム》」〔無限の神における相反するものの究極の調和をいう。一五世紀のドイツの思想家ニコラス・クザーヌスが提唱した概念で、シュミットもこの言葉でカトリック教会を表現している〕は、人間の善という単一の制度化された観点によってまとまっていたのである。「一〇〇〇年以上にわたって、カトリック教会は、ラテン・ヨーロッパをつうじて、包括的な秘蹟の世界観を徐々に有機的に制度化していった。その中心に据えられたのは、歴史上の神の行動が真理であるという主張であり、それはナザレのイエスの受肉、人生、教え、死、復活に基づいていた」。これがどういうものかといえば、「信仰や希望があり、愛のある謙虚な心をもち、忍耐力をもって自らを犠牲にすることも厭わず、赦しと憐れみを忘れずに奉仕に努め、つねに寛大である、つまり一言でいえば、キリスト教が共有された社会生活」なのである。グレゴリーはこの言葉に対して一つとして証拠を提出しない。そのようなものはまったく存在しえないという単純な理由からである。

そこへ大惨事が訪れた。カトリック教会自体にこそ、初期の宗教改革者たちが不満を抱いた状態をつくりだし、自らを律することを怠った主たる責任があった。ルターとカルヴァンの告発には価値もあって、それは教会を正気に戻すことを目的とした元来保守的な反乱だった。ところが、事態は手に負えないものとなった。反乱という人を陶酔させる精神が、過激な宗教改革の精神的ジャコバンたちに広まったからである。この過激な宗教改革者たちこそが真の意味で近代を生みだし、一貫した道徳的・神学的教義の代わりに、現代の特徴である社会を蝕む多元主義を後世に伝えたのである。過激派は普通の信者が信じていた秘蹟や遺物の必要性を否定し、聖書を手渡したが、それを理解する能力は信者たちに備わっていなかった。「聖書のみによる」という考え方とだれでも「聖霊」に満たされうるという考え方が、個々の過激な改革主義者に自ら聖パウロになって、隣人に対し「綱を置き、従え」と命令するよう促した。不和が生じ、戦争が起き、宗派国家が生まれ、また戦争が繰り返された。近代のリベラリズムはこれらの紛争を収めるために生まれ、実際その役に立った。しかし、代償は高くついた。リベラリズムを維持するには、最高の道徳的な美徳として寛容を制度化する必要があったからである。一九世紀のカトリック教会はこれを丸ごと拒否し、衰退した知的生活と硬直化したドグマの壁のなかに引きこもってしまった。おかげで、われわれは混乱した、不満だらけの、超多元主義的な、消費者こそがすべてという、独断的に相対主義的な今日の世界へますます深く沈み込んでゆく。

というわけでウォルマートへの道はルターによって準備されていたのである。

スコラ主義という名の堕落

この物語に納得できない人のために、グレゴリーはもう一つ物語を準備している。こちらは宗教改革とはほとんど関係がなく、中世神学と初期近代における哲学の変容に焦点を当てる。それこそが現代のありようと彼がみなすものを準備したからである。ことの中心にあるのはかつての「肯定神学と否定神学との論争」である。大雑把にいうと、神の属性について有意義に語れるか、あるいは神とはそれについてはなにも語れない存在であるかをめぐる論争である。グレゴリーはこの問いをどう考えるかが他のあらゆるものの考え方に影響を与えると信じている。だが、かりにこの見方を共有するとしても（私はそうだが）、この種の神学論争が、実際にも、キリスト教社会のあらゆる階層の人々が人間の条件についてどう考えるかを変えたとはいえない。このズレは神話と混合した歴史に典型的に見られる。

グレゴリーは、宗教改革以前、天上の調和がキリスト教徒の生活と思想に反映されていたという見方をとっている。ここから、彼は（議論抜きに）こう断言する。中世後期にドゥンス・スコトゥス（一二六六?〜一三〇八）とオッカムのウィリアム（一二八五〜一三四七）の著作が出る前は、「伝統的なキリスト教の形而上学」と名づけられるものが影響を及ぼし、いくぶん否定神学的な方向へ傾いていた。「伝統的なキリスト教の教え」によれば「神は文字通り想像を絶し、不可解である」とグレゴリーは書いている。ここで「伝統的な」という言葉でグレゴリーがなにをいわんとするのかはよくわからない。というのも、《神がある》《摂理ある神の行為》《神による奇跡》《受肉》《神の理解》《聖餐のうちに顕現する神》——こうした事柄が意味するものをめぐって数世紀に及ぶ論争があったからである。（中世のキリスト教思想があまりにも多元主義的だったので、トマス・アクィナスは『神学大全』で混沌のうちに秩序を見出さざるをえなかった）。あるいはそのような形而上学が庶民レベルで現われたのかどうかもわからない。普通の聖職者や一般の信者は神を「髭の生えた偉大な存在」と考え、奇蹟は直接神の手によるものだと思い、聖人や聖なる遺物を崇拝し、魔術を行い、自分の歯でキリストの身体に傷を増やさないようにと、聖餐式で聖別されたパンを丸呑みしていたのだから。

近代のトマス主義者たちは、スコトゥスとオッカムが『神学大全』から逸れたことで、うかつにも近代哲学と科学の下地をつくってしまった、と長い間主張してきた。（単純化した）議論は次の通りだ。スコトゥスは単一の存在という概念が神と被造物の双方に当てはまると主張することで、神の超越性を弱めた。他方、トマスはといえば、神と被造物の間には類推のみが成立すると述べたにすぎない。神と被造物がいわば同じ山に住むと考えられるならば、山の斜面をどこまで登れば、ずっと下の方にあるものを説明できるのかという疑問が生じる。近代科学の答えは「それほど高く登らなくても良い」であろう。神は、実際上、なしで済ませられる仮説である。ジルソンのようなトマス主義者にとって、近代科学が、神学から、次いで道徳から切り離されることは、壮大な『神学大全』からのこれら二つの微妙な神学的逸脱によって避けられなくなった。

だが、グレゴリーはトマス主義者の擁護、ひいては神学の擁護にすら関心を抱いていない。彼は神学を信用していないようだ。神学を使って証明したいものはあっても、おそらく神学にその力があるとは信じていない。そこで、大勢のアメリカのセオコンと同じように、ポピュリスト的転回を行う。彼は「宗教が知の潜在的源であるとみなされないどころか、その可能性すらなく」、たんに「主観的な意見や個人の好みの問題」にされていることに苛立っている。それればかりではない。「知は証拠に基づき、道理にかなっていなければならない」、また、知は「普遍的・客観的であるべきである。つまり、なにかが発見されるか発見されうる場合、その内容は発見者に依存しない」といった世俗的な仮説にも腹を立てている。彼は知へ接近するこれ以外の「さまざまな方法」を擁護したいのであり、それを「救済をもたらす参加型の」や「経験上の」といった言葉で形容し、「現実の秘蹟的な観点」という概念とともに使っている。

ここでグレゴリーの著作は麻薬中毒症状のように朦朧としてくる。グレゴリーは読者にこう信じてもらいたがっている。神学が崩壊する以前の中世キリスト教においては、さまざまな「種類」の知を縫い目なく調和させ、神学、自然科学、そして「とりわけイエスにおいて示された神の行動に基づく信仰と信仰を共通する生活についての個々人により差異化されながらも一致が可能な知」を融合していた。では、正確に、その知はどのような性格をもち、なにを意味したのか。グレゴリーはまったく説明しない。まさにその性質からして言葉では伝えられないのだろう。中世のキリスト教徒の生活について語られるのはせいぜい次の程度である。「より良く生きれば、より聖くなり、[神の]真理、たんなる知識《スキエンティア》を越えた知恵《サピエンティア》がますます明らかになる。聖人が身をもって示した聖なる知恵がこの種の知を顕著に体現していた。それは学問があるとか頭が切れるといった類いの知とはまったく異なる知であった」。この主張が曖昧に聞こえるとしても、以下は明白である。中世のキリスト教にあっては「なにかそれ以外の目的のため、あるいはそれ自体を目的とした知の追求は無意味という意味で文字通り空虚であった」。

夜間外出禁止となりながらも理解を求める信仰——、これがグレゴリーの歴史上の、そして見たところ、将来の理想である。この理想はその後どうなったのか。後期スコラ主義は夜遅くまで弁証法のゲームに興じ、他者の生きた信仰には目もくれなかったことに問題の一部はあった。もちろん、宗教改革によって聖書が『一般人』に開放された」ことが挙げられる。それから、以降、国家や大学は宗派別に分離し、知は国家権力の道具となり、教典はより高度な批評にさらされ、学問はたこつぼと化した。ヨーロッパでは、ドイツの言語学者ヴィルヘルム・フォン・フンボルト〔一七六七～一八三五〕が創設した近代的な大学は宗教問題や宗教関係から距離を置いた。アメリカでは、いくじのないリベラル・プロテスタントたちが運営する神学校がやがてこのドイツのウィルスに罹り、中心のないマンモス大学を生みだし、それが今日の反急進主義の、なんでも許されるポストモダニズムを大量に産み落とした。

というわけで構造主義への道はスコラ主義からはじまるのである。

アッサンブラージュとしての神話

グレゴリーはなんとも大風呂敷な話を、一つどころか二つも語る。さらに三つ目もあるので、検討してみよう。

むかしむかし、人間はみな英雄で、ユピテルを崇めていた。そんな頃、田舎で一人の予言者が「神の子」だと宣言し、熱心な支持者を集めた。反植民地主義を謳う熱狂者や、洞窟に住まう神秘主義者や、怒りに満ちた奴隷たちや、主婦たちが、ローマのパラティヌスの丘に結集した。彼らの無律法主義運動は融通無碍で、複雑な異教世界に混乱をもたらし、人生に対する安定した道徳的了解を覆した。そこで指揮権をめぐる争いが、敵対するユダヤ・キリスト教と異なる教典で武装したグノーシス主義の分離派教会の間に起こり、思想の応酬が交わされた。まもなくモナルキア派、モンタヌス派、アリウス派、ネストリウス派、ペラギウス派、その他無数のやがて異端と宣言される運命にある宗派が参戦した。彼らが精神は肉体化できるかといった馬鹿げた事柄を議論するにつれ、いにしえの各派閥の神々はかぶりをふり、高潔なローマ精神《ロマニタス》の腐敗を指差し、すべてはいがみあう成り上がり者のせいだと非難した。

しかし、数世紀後、事態は収拾された。無律法主義はより緩やかな神学政治的正統へ移行した。この正統のもとで、新たな文明は一貫した道徳的秩序、新たな学問の蓄積、すばらしい芸術的達成に恵まれた。これが一千年はつづいた。ところが、二回目の聖書に刺激された宗教改革運動が起こり、またしても恵まれぬ人々にアピールし、数世紀におよぶ蓄積が水泡に帰した。新たな指導権をめぐる争いが馬鹿げたことをめぐって分裂した過激な分離派の間に起こり、一貫性はすべからく失われた。だが、ふたたび、五世紀後にキリスト教の世俗化によって事態は収束する。おかげで今日、新たな道徳的・政治的な正統が存在することになった。それを個人主義と名づけてもよいだろう。神学的な特徴に欠けるところはあるが、個人主義は実際、イエスに多くを負っている。イエスは先駆的なリバタリアンであり、伝統的な共同体の絆や違法な宗教的権威の支配に対する、個人の魂とその内なる経験の最終的な勝利を予言したからだ。この新たな正統は完璧に一貫した世界観をもたらし、人間の条件（われわれは独りで生まれ死んでゆく身体である）、その彼岸にあるもの（無）、幸福の条件（今を楽しめ《カルペ・ディエム》）を明らかにする。さらにまた、重要なことに、個人主義は平和を保つ。戦争は商売によくないからだ。この新しい教理はみなに届いたわけではない。ある地域での抵抗は激しく、武装する者もいるが、これらの堕落者たちが改宗しないとしても、ゆくゆくは子どもや孫が改宗し、世界は一つになるだろう。

　なんとも説得力のある話だが、古い物語でもあり、過去や現在の断片の繋ぎ合わせからできている。たとえば、背教者ユリアヌス〔三三一（二）～三六三〕やエウセビオス、ドイツ司教のフライジングのオットー〔一一一一（四）～一一五八〕やイギリスの思想家フランシス・ベーコン〔一五六一～一六二六〕、フランスの思想家ニコラ・ド・コンドルセ〔一七四三～一七九四〕とヘーゲルと哲学者ルートヴィヒ・アンドレアス・フォイエルバッハ〔一八〇四～一八七二〕、そして現代のシリコンバレーのフューチャリストたちなどが引かれている。無論、これはただの神話だが、嘘ではない。過去の出来事や観念と現在の希望や恐怖からなる想像上の寄せ集めにすぎない。これがブラッド・グレゴリーの『意図せぬ宗教改革』のあらましである。

人はなぜこのような神話をいまでも必要とするのか。その理由はつねに同じである。つまり、たとえどれほど冷酷なものであっても、われわれは現在を理解しているという慰めがほしく、同時に未来へのまったき責任からは逃れたい。西洋の神話－歴史について本が書かれるべきだ。神話－歴史が書かれた時代と結びつけ、さらに神話－歴史がさまざまな年代に成し遂げた社会心理的な成果とも結びつけられるべきだ。このような本は、一九世紀初期からはじめて、過去に関する古代の神学的物語がどのようにして近代化され、現在をめぐる思想闘争での議論の代わりになっているかも跡づけていくだろう。明らかに、グレゴリーは現代のわれわれの生き方に不満を抱いており、事態は悪化する一方だと絶望している。これは馬鹿げた心配ではない。しかし、まるでさまざまな文明が単一の「プロジェクト」によって規定される別個の時代を通過するかのように、「中世のキリスト教国は失敗し、宗教改革も失敗し、宗派国家のヨーロッパも失敗し、現代の西洋も失敗しつつある」ことを想像するのがなんの役に立つのか。人生はそうならないし、歴史もそうならない。宗教改革の数十年前に西洋文明が頂点に達したと想像するのもなんの役にも立たない。イスラーム文明が初期カリフ統治時代あるいは中世スペインで頂点に達した、とイスラーム教徒が想像するのがなんの役にも立たないのと同様である。そんな神話は、政治活動が「選択しなかった道」へ戻る道を見つけてくれるかもしれないという、欺瞞的夢想をいたずらに刺激するだけにすぎない。聖アウグスティヌスの教えは一五〇〇年前と同じように時宜にかなっている。われわれは道を切り開きながら歩んでゆく定めにある。そして後は神の御手の中にある。

5　毛沢東から聖パウロへ――あるフランス左翼の転向

思想に課せられたさまざまな課題の中でも、なおざりにできないものの一つ、西欧文化を論破する反動側の理屈を一つ残らず進歩的な啓蒙に役立てること。〔1〕

テオドール・アドルノ

異端の源泉としての聖パウロ

初期キリスト教の教父テルトゥリアヌス〔一六〇?～二二〇?〕は聖パウロを「異端者の使徒」と呼んだが、それはもっともである。二世紀の神学者マルキオン〔一〇〇?～一六〇?〕は聖パウロの権威に訴えて、キリスト教の神はヘブライのヤハウェとはまったく異なる、より優れた神格であるという教義を主張したが、このマルキオン以来、パウロの書簡は創造的に誤読されてきた。イエスがオリーブ山で行った説教には、このような想像の飛躍を呼び覚ますものはほとんど見つからないのに対し、罪や恩寵や迫りくる救済を強力に暗示するパウロの手紙はそのような要素に満ちている。いみじくも、イギリスの聖職者で推理作家のモンシニョール・ロナルド・ノックス（一八八八〜一九五七）が模範的な研究、『熱狂』でこう述べている。「数世紀にわたって、パウロの精神はずっと誤解されてきた。キリスト教から道を踏み外した者はだれもが着想の源泉としてパウロを挙げ、たいてい『ローマ人への手紙』を引き合いに出す」。

この理由はなぜか。「ローマ人の手紙」における異常に意味深長な表現を見ればわかる。「わたしたちは、こう思う。人が義とされるのは、律法の行いによるのではなく、信仰によるのである」[2]（「ローマ人への手紙」三：二八）。純粋に内的な信仰こそが、ユダヤの律法であれ、ローマ法であれ、ギリシア法、あるいは現代の法であれ、あらゆる法に打ち勝つことを意味するのか。あるいは、結局、行いはどうでもよいのか。「ユダヤ人とギリシア人との差別はない。同一の主が万民の主」である（同上、一〇：一二）。新たな宗教的・道徳的教えには、絶対的な普遍性があるがゆえに、あらゆる文化の特異性を撤廃できるのか。「そしてあらかじめ定められた者たちを更に召し、召した者たちを更に義とし、義とした者たちには、更に栄光を与えて下さったのである。それでは、これらの事について、なんと言おうか。もし、神がわたしたちの味方であるなら、だれがわたしたちに敵し得ようか」（同上、八：三〇―三一）。この引用とその前文をあわせて、神に召された者であれば、抵抗にあったとしても律法の解体を許され、普遍的な真理を世界にもたらすのが正当化されるということか。こうした異端の解釈は文献学的には根拠に欠けるかもしれないが、パウロ自身がいうように、「被造物は、実に、切なる思いで神の子たちの出現を待ち望んでいる」（同上、八：一九）のだから、文献学などどうでもよい。

キリスト教史をつうじて、聖パウロの重要性には流行り廃りがあった。しかし、耐えがたい現在を逃れ、未来の救済を熱望する人々の間で人気を失ったことはない。キリストの一番過激な弟子がより良い未来へ導いてくれると信じるにあたり、キリストが神の子であると信じる必要すらないのである。

シュミットと「政治神学」の影響

今日、アメリカの宗教を扱う専門書店を覗いてみても、「パウロの手紙」について書かれた本はほとんど見つからず、読むに値するものは皆無に近い。一方、世俗的な大学の書店をぶらぶらすると、驚くほど多くのパウロ本が、それも信仰書ではなく、政治の本が見つかる。近年、批判理論や脱構築、ポストモダニズムやポストコロニアル研究などを専門とする学者によって、聖パウロについて数多くの思索がなされている。「理論」研究者がどのようにして素人聖書学者になるのかと問うと、いろいろ見えてくるものがある。これには、一九六〇年代のマルクス主義への失望、七〇年代の脱構築とアイデンティティ・ポリティクスへの転回、八〇年代のヴァルター・ベンヤミンのメシア主義的な思想との戯れが関係している。しかし、それにもまして、元ナチスの法学者カール・シュミットとその「政治神学」の概念に未練がましく魅了されていることこそが、ヨーロッパとアメリカの知的左翼におけるパウロの流行を説明してくれるのである(1)。

左翼思想の源泉としてパウロを前面に打ち出した最初の人物は、ユダヤ人のシュミット礼賛者で、一九八七年に没したヤーコプ・タウベスだ。レオ・シュトラウスやエリック・フェーゲリンより一世代若いタウベスは、一九二三年にスイスの高名なラビの家庭に生まれ、一九四〇年代に自身もラビになった。第二次世界大戦後に、西洋世界の終末についての本を一冊出版した後は、大学教授兼政治批評家となって、あたかも逍遥学派の哲学者のように、あちこちの大学を渡り歩き、ニューヨーク、ベルリン、エルサレム、パリの間をせわしなく行ったり来たりしていた。彼に出会っただれもがタウベスについてなんらかの逸話を聞いて帰った。ニューヨークでは、一九四〇年代後半に、未来のネオコンにタルムードを教えていたという噂を聞くだろう。エルサレムでは、異端のキリスト教の修道士と交わったと耳にするかもしれない。ベルリンでは、一九六〇年代の過激派のデモで演説している彼の写真が見つかるはずだ。その傍らでは西ドイツの学生運動家のルディ・ドゥチュケ〔一九四〇～一九七九〕とヘルベルト・マルクーゼ〔一八九八～一九七九〕が憧れのまなざしで見つめている。ベルリン時代にタウベスは名声を得た。若いドイツ人たちが賢者のなかに見出しうるあらゆるものを備えていた。老いた左翼のユダヤ人は、正統派マルクス主義の陳腐な科学的な定式によってではなく、救済という聖書の言葉でもって、彼らの革命を祝福したのだ。タウベスはやがて過激派への関心を失うが、ベンヤミンとシュミットという秘教的なレンズをとおして政治を見る方法を後世に伝えた。死の数ヶ月前に、ハイデルベルクで聖パウロとシュミットについて非公式な講義を行った。それは一種の思想的遺言として意図されたものだった。ドイツで出版された講義録はベストセラーになり、いまでは、英語版も含めヨーロッパ各国で翻訳されている。その名も『パウロの政治神学』である。〔3〕

タウベスは聖パウロについて二つの大層ご立派な主張をしている。一つ目は、パウロはユダヤ人を裏切るどころか、紛れもないユダヤ人狂信者であり、聖書による救済の希望を広めるために遣わされ、この革命的な新しい考えを世界へ広めたというものだ。モーセ以降、パウロほど優れたユダヤ人はいなかった。タウベスは露骨にこう書いている。「パウロは、ドイツ、イギリス、アメリカ、スイス、他のどこでもよいが、かつて私が耳にしたどの改革派のラビやそれ以外のリベラルなラビよりもずっとユダヤ人だった」。タウベスがパウロ派のユダヤ教徒だと宣言したとき、主流派のユダヤ人たちはあっけにとられた。彼はこう応答するだろう。エレミアはユダヤ人の、ユダヤ人のための預言者だったが、パウロは「ユダヤ人から異邦人に遣わされた使徒」[4]が可能だと示したのだ。これはまたタウベスの厚かましさも示している。

二つ目は実に重要な主張である。「パウロにとっての問題は、新たな〈神の民族〉の創始とその正統性の証明でした」[5]。これはシュミットが特別な意味をこめて「政治神学」と名づけたものの一例である。シュミットがいう政治神学とは、どのようにして法的・政治的構造が合法性を獲得ないし喪失するかに関係している。これは、人間であれ、神であれ、「主権者」の恣意的な決断に左右される、とシュミットが論じたプロセスであり、「例外的な状態」により秩序が崩壊すると自ずと明らかになる（たとえば、緊急事態で憲法が停止される場合など）。シュミットによれば、あらゆる社会は暗黙のうちに天から授けられる、ある種の政治的な啓示に基づいている。この啓示は普遍的な原則をまったく反映せず、自然の限界もなんら認めない、なにかをあらしめる意志と能力にすぎない。神学的見地からすれば、神はモーセに十戒を授けて自らに忠実な共同体をつくったといえる。政治的な見地からすれば、モーセは神を呼び出して、自らの国をつくる行為を合法化してもらったといえる。シュミットと同様タウベスにとって、あらゆる真剣な政治はこの神秘的な二重の性質をもつ。

この政治神学思想の好例とでもいうべきものが、タウベスによる「ローマ人への手紙」の解釈である。タウベスはパウロの無律法主義に的をしぼる。パウロはユダヤの律法やローマ法を容赦なく攻撃した。聖書による救済の約束が全人類に届けられるべきものであるならば、パウロにとって律法こそが征服すべき敵であったからだ。パウロの宣言、「あなたがたは律法の下にあるのではなく、恵みの元にある」（「ローマ人への手紙」六：一四）は、モーセとカエサルに対する二重のクーデター、すなわち新たな世界秩序を確立する主権者の決断を告知するものだ。この初期キリスト教の解釈では、イエスの出る幕がほとんどない。イエスは暴動のはじめに出た殉教者の一人にすぎなかった。真の革命家はユートピア的な秩序を想像し、政治神学的な決断をつうじてそれを実現したパウロだった。タウベスは「これに比べれば、群小革命家など取るに足りません」[6]と宣言している。

にわかパウロブーム

一九九三年にタウベスの講義録が出版されると、ヨーロッパ左翼の間でパウロブームがはじまった。それ以来、パウロ本や論考がぽつぽつとではじめる。面白いものもあるが、大半は目も当てられない。なかでも意外だったのは、言うまでもなく、アラン・バディウ〔一九三七〜　〕の本だった。一九六〇年代はじめにはマルクス主義者のルイ・アルチュセール〔一九一八〜一九九〇〕の学生だったが、一九七〇年代には過激な毛沢東主義者になりクメール・ルージュを擁護した。八〇歳に手が届くいまも、バディウは中国の文化大革命について熱烈に書いている。だからこそ、一九九七年に『聖パウロ――普遍主義の基礎』が出版されたとき[7]、フランスに衝撃が走ったのである。バディウは聖パウロの過激な普遍主義を再発見し、革命的な政治に適用するよう左翼に呼びかけた。彼は見事なパウロ狂信者になりかわった。

　バディウはかつて「ル・モンド」のインタビューで「私にとって、六八年五月は、ダマスカスへの途上で倒れるようなものでした」と語った〔パウロはダマスカスへの途上で強烈な光を見て倒れ、視覚を失った〕。バディウの視覚が戻ったかどうかは議論の余地がある。今では大半が英訳されている彼の政治的な著作を読むのはちょっとした経験だ。エセ神学用語がちりばめられた、毛沢東の個人崇拝を擁護するものばかりではない。とはいえ、あるエッセイで、バディウは毛沢東を「美学上は古典的な天才[8]」と呼び、こう付け加える。「革命を目指す民衆にとって、現実の党の保証者であるよりもむしろ、未だ実現していない、来るべきプロレタリアの党をたったひとりで体現する者だったのである[9]」。また、別のエッセイでは、二〇世紀の革命運動の犠牲者たちを冷酷にもこうとらえる。

では、しばしば行き過ぎる暴力については、どのように考えればよいのか？　幾百万もの死者は？　迫害、とりわけ知識人に対する迫害は？　これと同じことが、今日に到る〈歴史〉に刻み込まれたすべての暴力についてもまた、言える筈である。……現在への働き掛け、絶対的現在の熱狂における全面的解放という主題《テーマ》は、つねにみずからを善悪の彼岸に位置づけている。……したがって、行き過ぎた暴力は、実際に問われている問題があらゆる価値の価値転換である以上、行き過ぎた昂揚と裏腹である。……道徳は老い曝らばえた世界の残り滓である。〔10〕

一九七〇年代半ばに、数千人ものヴェトコンの被害者たちが筏で南シナ海へ逃れ、数百万人（数十万ではない）がカンボジアで殺戮された後で、フランスにおける革命とのロマンスは潰えたように見えた。その後二〇年間にわたって、バディウのような毛沢東主義者の残党は内なる亡命生活を強いられた。その間、政治の議論は人権や多文化主義、新自由主義をめぐって戦わされた。だが、新世紀になって、より過激な左翼主義が回帰するにつれ、バディウは復活を果たした。今日、彼には聴衆がいる。「その悲惨を『民主制』なる美名のもとでいよいよもって覆い隠しつつある自由な交換に基づいた貨幣主義《マネタリズム》と、それと凡庸な政治的一対をなす資本－代議制」[11]と糾弾し、人種に敏感な多文化主義がフランス国家の「ペタン化」〔フランスの軍人フィリップ・ペタンが、第二次世界大戦中、親独的なヴィシー政権の主席を務めたこと〕を招いたと嘲けるからである。彼は「新共産主義」という概念にある種の魅力をもたらしてきた。

　なぜバディウは毛沢東からパウロへ転んだのか。手がかりは、彼が一九八八年に出版した、本格的な哲学書、『存在と出来事』にある。存在論（存在の理論）をテーマに、いくぶん抽象的な議論を展開するものの、革命についての真摯な考察でもある。バディウの存在論に神の居場所はないが、奇跡は存在し、「出来事」と呼ぶ。出来事は予想もしないかたちで人類の歴史に侵入し、新たな真理を打ち立て、世界とわれわれの関係を組み替える。これはシュミットがいう主権者による「決断」のように聞こえるが、その違いは、バディウはよりポピュリストであり、革命的な出来事という伝統は庶民の力によって一気に勢力を伸ばし、やがて連鎖をなすと見ている点にある。新しい出来事はみな、新たな真理を告知するだけでなく、連鎖のなかの以前の出来事を実現し正当化しもする。パスカルは謎めいた『パンセ』で、旧約聖書の予言は実際には虚偽だったが、キリスト教の啓示がはじめてそれを真理にした、と述べている。[12] バディウは、パスカルについて書いた章で、革命の歴史も同じだと指摘し、一九六八年のパリ五月革命は一九一七年のロシア革命の啓示にして実現であり、そのロシア革命は一八四八年の二月革命と一七八九年のフランス革命、あるいはもろもろの革命を正当化した、と示唆している。革命は決して終わらない。このため、暗く先の見えない時代にあっても、われわれは革命的な「出来事」の連鎖に「忠実」であらねばならない。とはいえ、忠実であることは難しい。目の前の証拠と相いれないからだ。これはまた、革命という大義に忠実であることが「つねにアヴァンギャルドの営み」であることを説明する。アヴァンギャルドだけが「ここで危機にさらされているものが戦闘的な真理の装置である」と理解できるからだ。

ヤーコプ・タウベスのように、バディウも革命の殿堂に聖パウロを安置したいと望んでいる。一九一七年の英雄スターリンと同じように、パウロを「出来事の詩人‐思想家」と名づける。

現代における闘士の新たな形象《すがた》の探求、二〇世紀初頭にレーニンとボルシェヴィキたちが最初に創りあげた党の闘士の形象《すがた》と言ってよい結合を継承するべく喚び求められている……であればこそ、パウロのこの蘇生が重要なのだ。レーニンにとってキリストは曖昧模糊としたマルクスなるものであったが、パウロを以てかかるレーニンを創り出すといった対比の危険を冒すのは、なにも私が初めてではない。〔13〕

毛沢東－レーニン主義者にしては、バディウはキリスト教に対して驚くほど寛大だ。もちろん、キリスト教が「既存の言説の体制」を転覆させる革命運動とみなされるかぎりにおいてではあるが。ギリシアの哲学者たちが理性と証拠を衒学的に要求したのに対して、イエスは奇跡を行って予言をした。ローマ法とユダヤの律法に対して、内なる信仰に基づく正義と救済という普遍的な福音を宣言した。バディウにとって、イエスは無論メシアではなかったが、イエスが受肉し、磔刑に処せられ、さらに重要なことに、復活したという一連の神話は、救済が「法なき突発事」に左右されることを思い出させてくれる。

それゆえ、バディウも、タウベスのように真のキリスト教の「出来事」をパウロの「ローマ人への手紙」に見出すのであり、イエスの人生や教えにではない。シナイでの啓示も歴史上の革命的な出来事だった。だが、連綿とつづくいかがわしいキリスト教神学者たちの系譜に連なって、バディウも、キリストの死後、ユダヤの律法主義と民族的な特異性が度を越して反革命的になったと主張する。ユダヤの「出来事」へ真に「忠実」であるには、より普遍的な新しいキリスト教の出来事を受けいれなければならない。控えめにいっても、ここでバディウとタウベスの聖パウロ理解は分かれる。タウベスにとって、パウロは当初ヘブライ人に授けられたメシアの約束を普遍化したのであって、廃止したのではない。パウロのおかげで、われわれはみなシナイの子どもなのである。他方、バディウにとっては、パウロの戦闘的な普遍主義は、カントがかつて嘆かわしい文句で「ユダヤ教の安楽死」と呼んだものの前兆であった。つまり、カントのように、使徒は「普遍性がみずからを特異性という側面のもとでは提示しない」[14]と理解していたので、「堅固なる閉域――そこにおいてはただユダヤ人の共同体だけが相応《ふさわ》しいものとして措かれているだろう――から〈知らせ（福音）〉を引き摺り出すこと」[15]に着手したのである。

左翼の反ユダヤ主義

アラン・バディウが「ローマ人への手紙」の文脈で「特異性」を批判するとき、自らの革命の理想に立ちはだかる伝統的な障壁、たとえば、ブルジョワ個人主義、私有財産制、人種への執着といったものを攻撃していると人は考える。実際、バディウはそうしている。だが、ジャーナリスティックなエッセイでは、彼の政治的空想のなかでユダヤ人がより重要な、ずっと暗い役割を果たすのを見るだろう。二〇〇五年に、バディウが『状況三――「ユダヤ人《ジュイフ》」という語の使い方』と題されたエッセイ集を上梓すると、瞬く間に熱い議論が巻き起こった。この本のなかで、バディウは「ユダヤ人」という語は「聖なるシニフィアン」になってしまい、「価値の領域で模範的な位置に置かれている」と苛立ちを表し、こう付け加える。「ナチスとその共犯者たちが数百万人もの『ユダヤ人』と呼ばれた人々を絶滅させたからといって、私には、問題の同一性に関する叙述が新たに正当化されるとは思えない」。

この怒りの矛先は現代のイスラエルだ。ホロコーストを利用してパレスチナ人への扱いを正当化し、欧米各国の政府と個人に賠償を請求している、とバディウは告発する。『状況三』には、このテーマについて、バディウと共同研究することもある、セシル・ヴィンターの放縦なエッセイが収められている。題して「新アーリア民族の支配的シニフィアン」。ヴィンターは怒りを隠さずこう述べる。「今日、ヒットラーの発明と完全に軌を一にするかたちで、『ユダヤ人』という語は超越的なシニフィアン、現代の権力者がそれによって利益をあげる発明、冒瀆を怖れる人を沈黙させようと振りかざされる言葉になってしまった」。バディウも同意して付け加える。「もはや公的にも私的にも、このタイプの政治的ブラックメールを許容しないことを提案する」。フランスにおけるこの本をめぐる議論で、バディウはイスラエルを批判することで、ユダヤ人の利益を最優先するよう注視するよう主張した。「ユダヤの名への脅威は、ユダヤ人を名乗る国家からやって来る」からだ。実際、バディウは、イスラエルがいまだ普遍的で世界史的な使命をもつと考えている。イスラエルは「世俗的で民主主義的なパレスチナ」へ解消され、そこには「アラブ人もユダヤ人も」存在せず、したがって「もっとも非人種的、非宗教的、非国家主義的な国家」になるだろう（見るところ、イスラエルはバディウが議会制民主主義を許容する地球上で唯一の地点だ）。しかし、これにはアラブ世界の「各地域におけるネルソン・マンデラ」の登場が必要であり、世界は「ホロコーストを忘れ」なければならない、とバディウは認める。言い換えれば、奇跡が求められているのである。

このようなイスラエル観はヨーロッパで一般的になりつつあるが、バディウにとって本当の問題はユダヤの特異性そのものだ。とりわけ悪趣味な文章で彼はこういっている。

「ユダヤ人」という語とその使用権を保持すると名乗る狭量な党派の欲望とはなにか。その党派はなにを獲得しようと望むのか。ショア、イスラエル国家、タルムードの伝統という三脚に支えられたこの党派は、あらゆる厳密さをもって、その言葉の普遍主義的・平等主義的意味に理解を示そうとするだれをも非難し、大衆の嘲りにさらそうとしている。

これがいわんとするところを翻訳すればこうなるだろう。ユダヤ人を名乗る狭量な党派が普遍的な革命の道に立ちはだかっている。権利とアイデンティティを主張し、悪例を示し、反動の力に手を貸している。普遍的な真理が輝き出すには、彼らをどうにかしなければならない。

「未来」へのノスタルジア

他のスケープゴートの形態と同じように、反ユダヤ主義は歴史的な悲観主義を糧とする。ある種のヨーロッパ左翼は、アメリカの大学にも同調者がいるが、一九六〇年代と一九七〇年代の革命に期待を賭けたものの、挫折し立ち直っていない。反植民地主義は一党独裁制に変節し、ソヴィエトモデルも消え失せてしまった。学生たちは政治を諦めてビジネスキャリアを積むことに邁進している。西洋民主主義の政党制度はあいかわらずで、経済は富を生みだし(格差に掉さし)、全世界はネットによるつながりにうっとりしている。フェミニズムや同性愛者の権利、親の権威の低下など、うまくいった文化革命もあり、西洋世界を越えて広がっている。だが、政治の革命は起こらず、起きる見込みもない。かりに起きたとしたらなにを標的にするのか、だれが指揮するのか、その後、なにが起きるのか。今日これらの問いにだれも答えられなければ、そもそも問いかける人すらいなくなった。

の左翼（例外なく学者たち）に見出せるのは、矛盾したかたちの歴史的ノスタルジア、つまり「未来」へのノスタルジアにすぎない。

したがって、ノスタルジアの肥やしとなる知的資源が絶望的に求められているのである。まず、ヒットラーの「桂冠法学者」であったカール・シュミットの受容、つまり自然に反する結婚《アン・マリアージュ・コントル・ナチュール》があった。そんなものがあるとしてだが。シュミットの隠れた「主権者による決断」という考えは借り物で、中立性や寛容を含む、リベラルな観念は恣意的な仮構であり、支配力に構造を与え、学校やマスコミなどの制度によって支えられている、と論じた。マルクスのイデオロギー批判も一九世紀に同じ結論に達したが、一つ重大な弱点があった。つまり、マルクスの批判はある種の唯物史観に依存していたため、世界に生じること、あるいは生じないことによって裏切られる可能性があったのである。左翼はこの理論に自信を失った後、マルクスが観念論と呼んだ（そして正しく退けた）ものに支持を見出そうとした。すなわち、政治的支配が直接目に見えないものに左右されるという説明である。ミッシェル・フーコー（一九二六〜一九八四）の「権力」論は、エーテルのように、目に見えないがあらゆるところにある。これがその方向への最初の一歩だった。

次の一歩がシュミットの復権だった。「政治的なるもの」の本質としての「友－敵」の区別を恥ずかしげもなく擁護することで、政治とは闘争であり、熟慮を重ねたり、相談をしたり、妥協することではないという信念を甦らせた。これらの概念に聖パウロの終末論が生半可な理解のまま加わると、奇跡的な救済革命への信仰がふたたび可能であるように見えるだろう。歴史の力から生まれる、あるいは議論や組織化という大仕事から生まれる革命ではない。夜中のコソ泥のように、まったく期待していないときに到来する革命だ。

ポストモダンかぶれの聖パウロのにわかファンが、「テサロニケ人への第一の手紙」に対するこうした仄めかしを認識できるかどうかは疑わしい。聖書学は難しく、一生をかけて学ぶものだが、新パウロ派は事態を楽に面白くしたい。安楽椅子に座っているかぎり、レーニンや毛沢東、ポル・ポトの巧妙な擁護を読むとわくわくするのは否定できないし、ユダヤ人たちを標的にする詭弁を見出すことに満足を覚えるだろう。イスラエルの学者や大学のボイコットを呼びかける嘆願書にネットで署名するだけで、ふたたび活動している気になることすらできる。しかし、これらは文学的経験であり、政治的な経験ではない。これはとても古い型の政治のロマン主義を呼び起こす。ブルジョワ社会にはない劇的な生を生き、そこから脱出し、情熱の熱い鼓動を感じ、人間精神を圧し潰し、家賃を払わせるつまらない法律や慣習を覆したいと切望する。われわれはこうした切望がしばしば多大な犠牲をともなって、どのようにして現代意識や政治をかたちづくってきたかを知っている。こうしたロマン主義の守護聖人はタルススのパウロではない。ボヴァリー夫人だ。

第 III 部

反動による出来事

EVENTS

6　シャルリー・エブド襲撃事件の余白に——パリ、二〇一五年一月

自分の時代に腹をたてれば、かならず痛手を被ることになる。〔1〕
ロベルト・ムージル

フランスを揺さぶる政治的イスラーム

二〇一五年一月七日の朝、二人のフランス系イスラーム教徒のテロリスト、サイード・クアシとシェリフ・クアシが風刺新聞「シャルリー・エブド」紙のパリ事務所に侵入して、一二名を殺害した。逃亡前に、二人は預言者ムハンマドの復讐だと叫んだ。シャルリー・エブドが数年にわたって侮蔑的な漫画を掲載してきたからだ。翌朝、パリ郊外のユダヤ教学校近くの街路で、二人の共犯者、過激派イスラーム教徒のアメディ・クリバリが若い婦人警官を射殺した。一月九日、重武装したクリバリはパリのユダヤ教徒用のスーパーマー

ケットに押し入って、買い物客四名を殺害し、残りを人質にした。その午後遅く、警察はスーパーマーケットとパリ北東部にあるクアシの潜伏場所を同時に襲撃して、三人のテロリストを殺害した。一月一一日の日曜日、フランス全土で犠牲者を追悼するデモが行われた。パリでは、一五〇万人以上が行進し、主要国の指導者四四名も参加した。

殺害は驚きよりはむしろ恐怖を引き起こした。政治的イスラーム主義は少なくとも過去二年間フランスの注目の的だった。二〇一二年、一人のテロリストがフランス南西部で三人のイスラーム教徒のフランス人兵士を、それからユダヤ教学校の教師と三人の生徒を暗殺した。二〇一四年をとおして、フランス全土で若者たちがシリアで聖戦《ジハード》を戦うためにフランスを後にするという記事が出た。その年の年末までに志願者は千人を上回り、その大部分は最近の改宗者で、驚くほど多くの少女が含まれていた。秋には、フランス人ジハーディストがイラクとシリアのイスラム国（ISIS）による処刑に参加しているビデオが投稿された。一〇月には、アルジェリアで山岳ガイドのフランス人が斬首されるビデオが投稿される。そして、一月の襲撃の二週間前に、精神的に不安定なイスラーム教徒の男が「神は偉大なり《アッラーフ・アクバル》」と叫びながら人を殺そうとする事件が三件起きた。一つでは、三人の警官をナイフで襲撃し、他の二つでは、地方都市の客で賑わう戸外のクリスマスマーケットに車が乗り込んだ。これらすべてを考慮すると、一月の事件の後で、「あらゆる兆しがあった」にもかかわらず、それを見逃した者は咎められるべきだ、と確信するのはたやすい。

事件後の論争もさほど意外なものではなかった。一九八九年に三人の敬虔なイスラーム教徒の少女が頭からスカーフをとることを拒否して退学処分を受けて以来、フランス社会におけるイスラームの位置づけをめぐって文化戦争がくすぶりつづけていた。数年おきに、学校でのハラール〔イスラーム法で許されている食べ物や料理〕給食、公営住宅での暴動、モスクやシナゴーグの襲撃、右翼の国民戦線が地方選挙で勝利するといった散発的な事件により諍いが復活した。同じことを大々的に繰り返したのがパリのテロ襲撃事件である。事件後に激しく戦わされた国民的議論はおなじみのものだった。左派のジャーナリストや政治家たちは、襲撃は「イスラームとは無関係だ」とただちに宣言して、フランスの失敗した経済・社会政策の犠牲者を非難しないようにと警告した。右派の批評家たちは、左派が政治的イスラーム主義、移民、多文化主義という現在の危険を無視していると告発した。

二人の反動家をめぐって――ゼムールとウエルベック

とはいえ、新しい声も聞かれた。その声は右派が発したものだが、朗々たる予言者の口調で直近の事件についてだけでなく、世界史の変遷について語った。声はこう告げる。現在の危機を理解するには、二つの世界大戦へ、フランス第三共和制の盛衰へ、ナポレオンへ、フランス革命へ、啓蒙思想へ、あるいは中世へと、さらにもっと遡るべきだ。代々の政府の政策や改革だけに注目することは、惨状の規模へ目を瞑りつづけることを意味する。われわれはもはや運命を制御できない。それがことの真相だ。この状況は政治や文化の悲惨な失策から十分予測できる結果だった。とうの昔から、それがフランスを、はては西洋文明全体を破滅の道へと向かわせていたのだ。いまや報いのときが訪れた。

このような議論はフランスでしばらく聞かれなかった。かつては、フランス革命にまで遡る文化的絶望という重要な知的伝統があった。この伝統には、一九世紀のジョゼフ・ド・メーストルやフランソワ＝ルネ・ド・シャトーブリアン〔一七六八～一八四八〕から、二〇世紀のモーリス・バレス〔一八六二～一九二三〕やルイ＝フェルディナン・セリーヌ〔一八九四～一九六一〕など、フランスのもっとも重要な作家が含まれる。だが、第二次世界大戦後、この思想の流れはいまではファシズムとショアに関連づけられるため不評を買うことになった。フランスでは、保守主義者の作家は許されるが、反動家の作家は許されない。だれもが近代の進歩とみなすものを非難する歴史観をもつ反動家はなおさらだ。ところが今日、それが許されるようになった。過去四半世紀の間に、フランス社会は変化し、だれもその変化を喜んでいない。左派の知識人も中道派の政治家も十分に対処できないでいる。新たな反動家たちは機会を感じ、いまや大衆の賛同を得つつある。人々は反動家たちの本を読んで、はたと膝を打ち、誤解されているという感覚から解放されるのだ。二〇一五年一月の劇的な事件を理解しようと、数万人ものフランス人読者がこうした作家のうちの、とくに二人に向かった。

一人はジャーナリストのエリック・ゼムール（一九五八～　）だ。パリ襲撃の数ヶ月前に、ゼムールは『フランスの自殺』という本を出版した。[1] この本はフランス衰退の壮大な、黙示録的ビジョンを示し、フランスのイスラーム教徒たちがその中心的な役割を果たす。二〇一四年のベストセラー第二位となり、もっとも議論された本となった。ゼムールはイスラームに対する扇動的なコメントのため殺害の強迫を受け、シャルリー・エブド襲撃事件の直後はフランス政府により警察の保護下に置かれた。もう一人のより重要な人物は、あらゆる意味で、フランスでもっとも注目すべき現代作家、ミシェル・ウエルベック（一九五八～　）だ。彼の最新作は、奇妙な運命のいたずらから「シャルリー・エブド」殺戮当日の朝に出版された。しかもその内容は、近未来のフランスでイスラーム系政権が発足するというあらすじで、このきわめて重大な事件を、中世以来、西洋の衰退がどのようにして準備してきたかについて思弁をめぐらせるものだった。ウエルベックはこの作品にぞっとするほどぶっきらぼうに、『服従』というタイトルをつけた。[2]『服従』はシャルリー・エブド事件のわずか数時間前に書店に並んだが、社会党のマニュエル・ヴァルス首相は襲撃直後のインタビューで著者を糾弾せざるをえなかった。「フランスはミシェル・ウエルベックには同意しない。フランスは不寛容、憎しみ、恐怖には反対する」。だが、ウエルベックは憎しみの対象となり、ゼムールのように、二四時間警察の保護下に置かれた。

テロが起きたとき、私はたまたまパリで本書を執筆していた。事件から数週間後、「ニューヨーク・レヴュー・オブ・ブックス」にこの事件についての論考を何本か寄稿した。ゼムール論とウエルベック論もそれに含まれる。その後、これらの同時代の作家と本書でこれまで扱ってきた人物たちがひどく似ていることにショックを受けた。そこであまり手をいれずに、当時のテロ論を加えることにした。あの瞬間の強度を伝えるとともに、現代においても、政治活動を動機づける歴史の神話力は少しも弱まっていないことを忘れずにいるために。

『フランスの自殺』をめぐって

エリック・ゼムールはジャーナリストや思想家というよりはメディアであり、一瞬の政治的情熱が彼を通り抜けてかたちをなす。北アフリカ系ユダヤ人の息子で、その経歴は、保守系新聞「ル・フィガロ」の論説委員からスタートした。その後テレビやラジオに登場するようになり、時局的なトピックに知的で突飛なコメントをした。明らかに右派だが、新鮮で、愛嬌のある声、ヴォルテール的な人を唖然とさせる男《エパトゥール》がマクルーハン流の新しいクールな文体を携えて登場したように見えた。しかし、二〇一四年までに、そのゼムールは消え去り、あらゆるところに出現する預言者エレミアとなってしまった。利用できるメディアを総動員して毎日毎日同じメッセージを発信しつづけた。「目覚めよ、フランス！　君たちは裏切られ、君たちの国は乗っ取られた」。しかし、ゼムールは国民戦線を惹きつけるような、悪どいポピュリストではない。高学歴で、文学にも精通し、スタイリッシュで、フットワークも軽い、陽気な戦士であり、悪い知らせをもたらすときですら声を張り上げたりしない。『フランスの自殺』にはこのゼムールが頻繁に垣間見える。

『フランスの自殺』は読者に納得を強いる本だ。七九の短い章からなり、一応、各章にはフランスの衰退を記念する日付が当てられている。だが、ゼムールはそれらを一つの物語に収斂もさせなければ、各章がどのようにしてつながるのかも説明しない。つながりは読者によって感じとられるべきものだ。彼は情動の達人である。「十字架の道行きの留《りゅう》」〔イエスが十字架を背負って刑場まで歩んだ行程の中継地のこと〕、つまりフランスが過去に経験した大惨事の現場をふたたび訪れるのは耐えがたくも聞こえるが、この本は彼の作家としての力量と論客としての熟練の証でもある。

フランスを現在の状況に貶めた大惨事、とくに裏切りの歴史をゼムールは次のように列挙する。産児制限、金本位制の撤廃、ＰＣ（政治的正しさ）による言論批判、ヨーロッパ共同市場への参入、無過失離婚の法制化、ポスト構造主義の流行、主要産業の非国有化、中絶の合法化、ユーロの導入、イスラーム教徒とユダヤ教徒の共同体主義、ジェンダー研究、アメリカにいいなりのＮＡＴＯ、ドイツに屈したＥＵ、学校教育におけるイスラーム教徒への譲歩、レストランの禁煙化、徴兵制の廃止、攻撃的な反人種主義、不法移民を保護する法律、ハラール食の学校への導入、と延々とつづく。裏切り者のリストはもう少し短いが、同じように多彩だ。フェミニスト、左翼のジャーナリストと大学教授、ネオリベのビジネスマン、反ネオリベ活動家、臆病な政治家、教育体制、ヨーロッパの官僚たち、それに選手たちをまとめられないプロサッカーチームの監督たち。

いくつかの章はフランス人がいうアルシナン、つまり錯乱気味だ。たとえば、ヴィシー政府の章では、親独政権が、実際は、フランス系ユダヤ人を救おうとしていたと主張するが、ただの変人のように聞こえる。だが、他の章では、心からの賛同を十分に得ているので、好意的に構える読者は、彼がより怪しげな領域に入り込んでもついて行ってしまう。ゼムールは自説をドアに釘打って「これが私の立場だ」と叫んだりする煽動家の類いではない。もっと流動的で、ウェブページのように、立場や議論はつねに更新され、その度に新たな事実や幻想が付け加わる。これが批評家たちへの罠になり、彼らは飛んで火に入る夏の虫となる。誇張やでっち上げをさらしものにするだけでは満足せずに、人民戦線以来、フランス左翼にとっての深い直観をもってして、右翼のいうことはなんでも糾弾して、敵に慰めを与えない。もし四時で、エリック・ゼムールが四時だというなら、三時だというのがわれわれの義務だ、と彼らは考える。このため、一日に二回ゼムールは好意的な読者に向かって「ほら、僕のいうことがわかるだろう」といえるのだ。

ゼムールの意見はあまりにも折衷主義的なので、レッテルを張り、たんに退けるわけにはいかない。おまけに驚くべきこともいっている。フランス右翼のだれもがそうであるように、国家の威光に、ノスタルジアを抱く愛国主義者を公言してはばからない。ド・ゴールの演説を引用するときや、ナポレオンの勝利を物語るとき、彼の散文は雄弁になる。だが、彼の国家に対する裏切り者のリストのトップにいるのは、フランスのビジネス階級だ。彼はCEOたちをこう非難する。仕事をアウトソーシングし、豊かな郊外の住宅地にディスカウントストアを建設して、小さな町や村の商業を根絶やしにし、町や村は空洞化してしまい、あげくは非行少年だけが残るというありさまだ。また、銀行家や金融業者も労働者や国家を裏切って、ヨーロッパの完全な統合を押し進め、フランを放棄したと非難する。

他の人々も注目したように、彼は、ユーロ紙幣の絵に歴史や地理への参照がまったくないという事実を問題視する。どこにもつながらない橋や空虚な空間に浮かぶ建築的な要素があるだけだ。これはヨーロッパの国民国家に起きたことへの的確な比喩だ。フランス革命はフランスを解放し、集団としての運命を決定できるようにしたが、ついにブリュッセルのＥＵによって覆されてしまった。「過去の貴族たちによるヨーロッパと今日のテクノクラシーによる寡頭政治が、度し難いフランス人たちについに復讐を果たしたのだ」。

このような議論は、今日、フランスの本屋の棚に所狭しと並んでいる左翼の反グローバル化の書物にも見られる。だが、ゼムールは一段進めて排外主義的な右翼の議論とひとまとめにする。たとえば、六〇年代世代を、過激なフェミニズムと移民を推進したかどで攻撃するのだが、それはこの二つが関連しているからだという。文化的・肉体的弱体化のせいにされる普仏戦争での敗北以来、フランス人は出生率に悩まされてきた。今日、ヨーロッパでは比較的高いほうだが、北アフリカと中央アフリカからの移民の「種」の出生率の高さによって維持されているように見える。政府は人種別統計を収集するのを拒んでいるので詳細はわからない。これが過激な右翼の強迫観念となり、彼らの書いたものは迫りつつある壮大な入れ替え《グラン・ルプラスマン》の予言だらけである。人口統計的な慣性によってフランスがひっそりとイスラーム教徒の国家になってゆくというのだ。ゼムールはこの論には言及していないが、明らかに好意的である。フェミニズムのせいで白人女性の腹が萎んでしまったと仄めかしている。また多文化主義のせいで、多産な移民の流入が継続的に許可されている。これがフランス系イスラーム教徒を考慮すべきもう一つの理由だ。彼は「フランス内の一民族《アン・ププル・ダン・ル・ププル》」というのを好むが、これはヨーロッパの反ユダヤ主義の典型的なモチーフである。わざわざこれを持ち出して現在の危機に対応しようというのだ。

フランス語では多文化主義を反人種主義《アンティラシスム》というが、その歴史は左翼の発展と衰退から切り離せない。作家のパスカル・ビュルックネール〔一九四八～　〕や哲学者のアラン・フィンケルクロー〔一九四九～　〕のようなかつての六八年世代がずっといっていることだが、一九七〇年代に左翼活動家は、伝統的な労働階級を見捨ててアイデンティティ・ポリティクスに向かうことで、致命的な間違いを犯した。見捨てられた労働者たちは、外人恐怖症の国民戦線へ流れた。対する左翼は移民を保護して、イスラーム文化へのあらゆる批判をかわす組織をつくりだした。農民も移民も等しく市民にする、あるいはすべきだという典型的なフランスのイメージが、人種主義国家のイメージにとって代わられた。それは海外の植民地の住民を抑圧した後、国内では、社会の最下層に追いやるというものだ。議論はこうつづく。いまでは、この反人種主義が主流政治の中心的なドグマとなり、イスラーム教徒たちを移民の立場からフランス社会に統合する意志を押し殺してしまい、何よりもまずイスラーム教徒の若者たちにとって悲惨な結果をもたらした。

しかし、ゼムールはイスラーム教徒の市民のことなどまったく気にかけない。これは『フランスの自殺』を読みこむと明らかになる。彼はイスラーム教徒を軽蔑しており、読者にもそうしてほしいと願っている。不当な差別という反人種主義的レトリックが、貧しい都会の地区でくすぶっているイスラーム原理主義の真の脅威に対して、フランス人を盲目にしてしまったというのは結構だ。しかし、地区の人々を絶望させ、疎外感を与え、共和国への愛国心に侮蔑さえ覚えさせる、貧困や隔離や失業といった重大で別個の影響を、ゼムールのように、あっさりと退けるのはまったく別の話だ。こうした状態を招き入れた施策は数えきれない。適切に変更すれば、状態を緩和するのに役立つかもしれない。フランスはこうした変更ができるし、それと平行して街の治安を維持し、教室での権威を保ち、世俗化、民主主義、公共の義務といった共和国の価値を教えることもできる。ゼムールも賛成するのではと考えたいが、彼のような煽動家にとっては、読者を次のように説得することがより重要だ。すなわち、腐敗はあまりに根深く、裏切り者はあまりに多く、イスラーム教徒はあまりにも絶望しているので、つぎはぎだらけの対策がなんらかの効果をもたらすことはない。彼の自殺の比喩をつづけるなら、生命維持装置につながれた患者に運動療法を施すようなものだ。『フランスの自殺』はこう締めくくられる。「フランスは死にかけている。いやもはや死んでしまった」。甦らせるためになにをなすべきかという最終章はない。間違いなく、これは読者の生き生きとした想像力に委ねられている。

成功するイデオロギーはある種の軌道をたどる。最初は偏狭なセクトで発展する。支持者たちは強迫観念と原理を共有し、荒野の声だと自らをみなす。しかし、なんらかの政治的な影響力をもつには、協働することを学ぶ必要がある。これは強迫的な原理原則のある人々にとっては難しい。このため、政治の周縁で小さな派閥がたがいに無駄な小競り合いをするのを見る。だが、イデオロギーが真に政治をつくり変えるためには、原理であることを止め、代わりに、新しい情報や出来事によっていっそう強化される、より曖昧で一般的な見解になる必要がある。イデオロギーが成熟したと本当にわかるのは、あらゆる、現在や過去の出来事がその確証としてみなされるときである。今日、フランスの右翼は、エリック・ゼムールの協力を得て、この軌道を進んでいる。『フランスの自殺』は一連の共通の敵を読者に示す。敵の犯罪歴を提供して、その犯罪の間にはなにかつながりがあるかもしれないという疑いを裏付け、読者のなかに怒りと絶望を引き起こす。これは、現代政治では、希望よりずっと強力である。近年の歴史で最大の悲劇と挑戦をめぐって国中が心を一つにしようとしているときに、これらすべてが起きているのだ。

そう、『フランスの自殺』の出版は時宜にかなっていた。少なくとも著者にとっては。

フランスにとっては、最悪のタイミングだった。

『服従』をめぐって

ミシェル・ウエルベックの『服従』は不運に見舞われた。二〇一四年秋に出たエリック・ゼムールの『スキャンダルの成功』のせいで、彼の小説は激しい批評にさらされることが約束されていたからである。実際にも、以前の小説や公のコメントで、ウエルベックはイスラームをひどく批判していたため、裁判沙汰にもなっていた。しかし、『服従』が「シャルリー・エブド」襲撃事件の当日に刊行されたという驚異的で、想像を絶する事実は、目下、この本が事件のプリズムをとおして読まれることを意味する。フランス人が『服従』を独特の驚くべき作品だと評価するにはしばらく時間がかかるだろう。

ウエルベックは新たなジャンルを打ち立てた。暗黒郷《ディストピア》における改宗の物語だ。大方の予想に反して、『服従』は武装勢力によるクーデターの物語ではなく、登場人物の一人としてイスラーム教徒に対する憎しみや軽蔑も口にしない。表面的には、これはたんに苦悩と無関心からメッカに向かってひれ伏すことになる一人の男の物語にすぎない。だが、深いレベルでは、数世紀にわたって内なる確信を少しずつ着実に失ってきた文明がやはりメッカに向かってひれ伏すことになる物語である。ゼムールの『フランスの自殺』は文明衰退をめぐる文学の一つで、その分野へのささやかな貢献にすぎないが、――この類の文学は一般に大胆でびっくりさせるものが多い。ところが『服従』は違う。劇的な事件は一つとして語られない。宗教に駆られた軍隊の衝突もなければ、殉教者も出てこないし、結末の大炎上もない。ウエルベックの他作品と同様に、ことはたんたんと進む。最後に聞こえるのは、骨まで凍りつくような集団の安堵のため息だけだ。古きものは過ぎ去った。見よ、新しきものがやって来た。それが何であれ。

『服従』の主人公のフランソワはソルボンヌ＝パリ第三大学の中堅の文学教授で、象徴派の小説家ジョリス＝カルル・ユイスマンス〔一八四八～一九〇七〕を専門としている。他のウエルベックの作品の主人公のように、彼はフランス人が哀れなやつ《アン・ポーヴル・テイプ》と呼ぶ者、つまり負け犬だ。現代的な高層住宅に独りで暮らしている。大学では授業をするばかりで、親しい者もおらず、家に帰っても、電子レンジ食品を食べながら、テレビとポルノを見るという生活ぶりだ。およそ毎年、学生を引っかけて関係をもつが、いつも「ある人に出会ったのよ」〔2〕とはじまる素っ気ない手紙で別れを切り出される。彼は時代の空気がまったく読めない。なぜ学生たちがしきりに金持ちになりたがるのか、なぜジャーナリストや政治家がひどく虚ろなのか、なぜだれもが彼のように孤独なのか、見当もつかない。「ただ文学だけが、他の人間の魂と触れ合えたという感覚を与えてくれるのだ」[3]と信じているが、相手にされない。時々会うガールフレンドのミリアムは彼を心から愛しているが、彼はそれに応えられない。ミリアムがフランスを離れ、身の危険を感じイスラエルへ移住した両親のもとへ旅立つときも、考えつく言葉は「ぼくにはイスラエルはないから」[4]だ。娼婦たちとのセックスはうまくいっても、彼の苦悩は深まるばかりだ。

小説は二〇二二年の大統領選挙の直前に設定されている。投資家の資金はすべて国民戦線のマリーヌ・ル・ペンへ流れ、ル・ペンは予備選挙で勝利を収めた。他の政党は阻止するために連立政権を打ち立てるはめになる。このなかにあって重要な役割を占めるのが、イスラーム同胞党という穏健派のイスラーム系政党だ。有権者のおよそ五分の一の票を獲得し、社会党と肩を並べるまでになっていた。党の創設者で党首のモアメド・ベン・アッベスは穏やかな男で、保守的な社会観を共有するカトリックとユダヤ教徒のコミュニティの指導者たちや、経済成長重視のビジネスマンたちともうまく折り合いをつけている。ローマ教皇をはじめとする外国の元首たちからも祝福を受けている。現実には、イスラーム教徒がフランスの人口のわずか六~八パーセントを占めるにすぎないことを考えれば、一〇年のうちにイスラーム系政党が重要な役割を果たすとは想像しがたいが、ウエルベックの思考実験は秀れた洞察力に基づいている。極右はイスラーム教徒の国外追放を願い、保守派の政治家も彼らを蔑む一方、社会党はといえば、イスラーム教徒を受容はするものの、同性婚を認めるよう迫っているので、どの政党もイスラーム教徒たちの利益を明確には代弁していない。

フランソワは周囲を渦巻くドラマにしだいに気づいていった。排外主義者の過激な右翼集団（フランスに本当にある）と武装した過激なイスラーム主義者との武力衝突の噂を聞くが、フランスという多文化主義の船が揺さぶられることを懸念して新聞はそうした事件を報道しなくなる。カクテルパーティで、遠くの銃声を聞くが、出席者たちはそしらぬふりをし、帰る口実を見つけ、フランソワもそれに倣う。予想通り、ル・ペンが予備選挙に勝つが、社会党と保守主義者たちは決選投票においてル・ペンに勝つのに十分な票をもっていない。そこでベン・アッベスを支持することに決め、フランスは僅差で最初のイスラーム教徒の大統領を選出する。ベン・アッベスは他の政党に大臣を譲り、イスラーム同胞党は教育大臣だけを確保する。連立相手たちとは違って、国家は教室で起きることによって変わりうる、と彼はいまでも信じているのだ。

学校以外の場所では、なにも起きていないように当初は見えた。しかし、数ヶ月たって、フランソワは小さな変化に気づいた。まず女性の服装が変わった。政府が服装規定を定めたりすることはなかったが、スカートやワンピースの女性を通りで見かけなくなり、身体の線を隠すパンタロンやコットン製の丈の長いスモックのようなものが増えてきた。非イスラーム教徒の女性は自発的にそうしたスタイルを選んで、ウエルベックが他の小説で冷ややかに描く、性の市場から逃れようとしているのだ。青少年の犯罪が減少し、失業率も下がった。女性が職場を離れ、新たに導入された家族手当を利用して子どもの世話をするようになったからだ。フランソワは新たな社会モデルが目の前で発展しつつあるのを見る。彼がろくに知らない宗教が刺激となり、その中心には一夫多妻制があると空想している。男たちはセックス、子育て、愛情、と目的別に違う妻をもつ。妻たちも年をとるにつれてこれらの段階を順々に経験するが、捨てられるという不安は皆無である。子どもたちに囲まれ、子どもたちはたくさんの兄弟姉妹がいて、離婚とは縁遠い両親から愛されていると感じている。独り暮らしで両親とも疎遠であったフランソワは強く感じ入る。彼の空想（おそらくウエルベック自身の空想）は刺激に満ちたハーレムといった植民地的なものではない。心理学者が「ファミリー・ロマンス」と呼ぶものに近い。

他方、大学では別の事態が進展していた。イスラーム同胞党が政権をとった後、フランソワは、他の非イスラーム教徒の教師たちと同じように、年金を満額もらって早期退職した。金に満足したのか、無関心からか、それとも恐怖からか、教師たちは抗議しなかった。黄金の三日月がソルボンヌの門に掲げられ、昔は殺風景だった事務棟が湾岸諸国のシャイフたちの金で修復され、カーバ神殿の写真や絵が壁を飾った。ソルボンヌは中世の起源へ、アベラールとエロイーズの時代へ逆戻りしてしまった、とフランソワはつくづく思う。[6] ソルボンヌに君臨していたジェンダー研究の女性教授にとって代わった新学長のロベール・ルディジェは、形式的に改宗を受けいれるという条件つきで、三倍の給料を提示してもっといい仕事につくようフランソワを口説いたが、彼は丁重に断った。

フランソワの心は別のところにあった。ミリアムが去って以来、かつてないほどの絶望の淵に立たされていた。またしても新年を独りで迎えたある晩、彼はすすり泣く。なんの理由もなかったが、涙が止まらなかった。その直後から、研究目的という名目で、南仏のベネディクト修道院でしばらく過ごすことにした。[7] あこがれのユイスマンスがパリでの放埒な暮らしを捨て、神秘主義的なカトリックに改宗した後、晩年を過ごした場所だ。ウエルベックによると、ユイスマンス自身の葛藤をそれとなく下敷きにしたこの作品は、本来、現代世界が与えるあらゆるものを試したあげく、カトリックの信仰を受けいれる男の葛藤の物語として構想された。元々のタイトルは『改宗』で、イスラームは登場しなかった。ところが、カトリックではうまく行かなかった。修道院でのフランソワの体験はウエルベック自身のそれのように聞こえるが、滑稽な調子で書かれている。フランソワはそこに二日間しかいられない。説教が幼稚で、セックスは禁じられ、タバコを吸わせてくれないからだ。
そこで、彼はフランス南西部の町、ロカマドゥールへ向かった[8]。中世の巡礼者たちが聖堂の黒い聖母の像を拝みにやって来た、印象深い「信仰の砦」だ。フランソワは像に魅せられ、何度も通う。なぜかはわからない。やがて、

自分の個人性が溶け出して行くのを感じていた。……奇妙な精神状態に陥っていたからだ。聖母マリアは、その土台から浮き上がり、空に昇って空間の中で際限なく拡大しているように思われた。幼子イエスは彼女から離れて浮かんでおり、その右腕をあげさえすれば、異教徒と偶像崇拝者は破壊され、世界の鍵は再び……イエス・キリストのもとに返されるように見えた[9]。

しかし、終わってしまうと、フランソワはこの体験を貧血状態のせいだと思い、ホテルに戻って家鴨のコンフィを食べて熟睡した。翌日、昨日の出来事は甦らなかった。半時間もじっと座っていたために身体が冷えてきたので、車に戻り、帰宅の途に着いた。家に着くと、手紙が来ていた。留守中に、疎遠になっていた母親が孤独死し、共同墓地に埋葬されたという。

こうした精神状態のとき、フランソワは学長のロベール・ルディジェにばったり出会い、ついに話に応じることになる。〔10〕ルディジェの人物造形はすばらしい。ファウストの悪魔メフィストフェレスにして、カラマーゾフの兄弟の大審問官、そして靴のセールスマンのような男だ。相手の話術は心理を巧みに操るが、気どるところはまったくない。この名前は悪趣味な冗談で、フランスの哲学教師、ロベール・レデカー〔一九五四〜　〕に由来する。レデカーは、イスラーム教を憎み、暴力、蒙昧主義の宗教と呼ぶ記事を二〇〇六年に「ル・フィガロ」に掲載後、現実味のある殺害の強迫を受け、以来つねに警察の保護下で暮らしている。他方、学長のルディジェは彼とは正反対だ。イスラームの教義を擁護する洗練された本を書き、おべんちゃらと斡旋収賄によって大学で伸し上がった物腰の柔らかな男だ。結局、フランソワは彼のシニシズムに惹かれて改宗することになる。

罠を仕掛けるため、ルディジェは告白からはじめた。学生時代は過激なカトリック右派だったが、教父たちよりはニーチェを好んで過ごした。世俗的な人文主義のヨーロッパにはうんざりしていた。そうしたヨーロッパは一九五〇年代に意志の弱さから植民地を手放し、一九六〇年代には退廃的な文化を生みだし、自由な個人として幸せを追求するよう促す一方で、教会へ通う大家族をもつという義務はおざなりになった。結果として、ヨーロッパでは子どもが生まれなくなり、イスラーム諸国から大量のアラブ人や黒人の移民を受けいれることになった。いまでは、フランスの地方都市の繁華街はスーク〔北アフリカや中東の市場〕のようだ。移民たちを統合することなどありえない。イスラームは水に溶けてなくならない。無神論の共和国の学校においてはなおさらだ。ヨーロッパが世界での地位を取り戻すには、こうした不信心者たちを追い出し、真のカトリック信仰へ戻るべきだ、とルディジェは考えた。

しかし、カトリックの外人恐怖症者とは異なり、ルディジェはこの種の考えをさらに一歩進めた。あるとき、イスラーム主義者のメッセージが自らのそれと重なりあうことを無視できなくなった。彼らも素朴な生活と無条件の信心を理想とし、現代文化とそれを生みだした啓蒙思想を軽蔑していた。家父長制を信じ、妻たちや子どもたちは父に仕えるべきだと考えていた。ルディジェと同様に、多様性、とくに意見の多様性を憎み、同質性と高い出生率が、健全な文明の証左とみなした。そして、イスラーム教徒は暴力のエロスにうち震える。ルディジェをイスラーム主義者から区別するのは、絨毯のうえで祈るか、聖堂で祈るかの違いだけだった。ルディジェは考えれば考えるほど、ヨーロッパ文明はイスラーム文明との比較に値しないと認めざるをえなかった。本当に重要なあらゆる基準からすると、キリスト教後のヨーロッパは死につつあり、イスラームは栄えていた。ヨーロッパにもし未来があるとすれば、その未来はイスラームのものになるであろう。

そういうわけでルディジエは勝ち馬に乗りかえた。イスラーム同胞党の勝利は彼の正しさを証明した。元秘密警察のイスラーム専門家がフランソワに語ったように、ベン・アッベスは過激なイスラーム主義者ではなく、レヴァントの砂漠に時代遅れのカリフ帝国を復活させることなど夢見たりはしない。彼は現代のヨーロッパ人であるうえにその欠点をもたない。だからこそ成功したのだ。彼は野心家で、アウグストゥス皇帝同様に、偉大な大陸をふたたび統合し、北アフリカへと拡張し、すばらしい文化と経済を創出することを願っている。シャルルマーニュとナポレオン（とヒットラー）につづいて、ベン・アッベスは初の平和的な征服者としてヨーロッパ史に刻まれるだろう。ローマ帝国は数世紀、キリスト教の帝国は一五〇〇年つづいた。遠い将来、歴史家たちはヨーロッパ近代を、宗教に根ざした文明の盛衰に照らして、二世紀足らずのとるに足らない逸脱とみなすだろう。

しかし、フランソワはといえば、この印象的なシュペングラー風の予言に心を動かされなかった。むしろ、彼の関心は妻たちを選べるのかといった、もっと平凡なことにあった。しかし、服従するにはなにか引っかかるものがあった。ルディジエは、上等なムルソーを口に含みながら、ハローキティのTシャツを着た一五歳の妻（三人のうちの一人）がスナックをもって来る間に、とどめを刺しにかかる。背景で禁じられた音楽がかかるなか[11]、彼はドミニック・オーリー（一九〇七〜一九九八）のサドマゾ的な小説『O嬢の物語』を使って、クルアーンを擁護する。[12]見事なウエルベック的筆致である。Oの教えはクルアーンの教えとまったく同じだ、とルディジェはフランソワに語る。「人間の絶対的な幸福が服従にある」という。親への服従、男への服従、神への服従。その見返りに、人は眩いばかりの人生を取り戻す。キリスト教とは異なり、イスラームは人間を異邦の、見捨てられた世界の巡礼者とはみなさず、そうした世界を逃れたり、つくり変えたりする必要性を認めない。クルアーンは神を賛美するすばらしい神秘主義詩だ。神はわれわれがいる完璧な世界を創造し、恭順をつうじて幸福を獲得する方法を教えてくれる。自由とは、惨めさを表す別の言葉にすぎない。

ついにフランソワは改宗を決意した。彼が想像するに、グランド・モスケ・ド・パリ〔パリにあるモスク〕での短い、慎ましい儀式があるだろう。改宗にあたって喜びも悲しみも感じない。ただほっとした。親愛なるユイスマンスもカトリックに改宗したときにそう感じたのだろう。改宗すれば、事態は変わるだろう。妻たちを娶り、セックスや愛について悩むこともなくなる。いずれ子どももできるだろう。子育てには慣れる必要はあるが、いずれ愛することを学び、子どもたちも自然と父を愛するだろう。アルコールを断つことは難しいが、少なくともタバコは吸えるし、セックスもできる。まあ、悪くもないだろう。彼の人生も、ヨーロッパも、消耗しきっているのだから。新しい人生であることに変わりない。

自由からの逃走

文化悲観主義は人間の文化と同じくらい古く、ヨーロッパでは長い歴史がある。ヘシオドスは、神々との調和を失い、堕落した鉄の時代に生きていると考えた。大カトーはギリシア哲学が若者たちを堕落させたと非難した。聖アウグスティヌスはローマの崩壊は異教徒の頽廃に責任があると暴いた。プロテスタントの宗教改革者は栄えある苦難の時代を生きていると感じていた。フランスの王党派はルソーとヴォルテールをフランス革命のかどで批判した。そして、だれもが二つの世界大戦をニーチェのせいにした。『服従』はこうしたヨーロッパの悲観主義を継承した由緒正しき小説であり、トーマス・マン〔一八七五～一九五五〕の『魔の山』やロベルト・ムージル〔一八八〇～一九四二〕の『特性のない男』[13]と同じカテゴリーにそっと置かれるに値する。これらの比較は、啓発的である。この三作の主人公たちは文明の衰退を目撃するが、みなそれに無関心であり、衰退に対して微動だにしない。マンのハンス・カストルプもムージルのウルリヒも、歴史に囚われ、超越する以外に逃げ道がない。ハンスはスイスの結核療養所で自由と服従に関する答えのない議論を聞いた後で、結核患者のベアトリスと恋に落ち、雪山でさまようちに神秘的な体験をする。

ウルリヒは硬直したハプスブルクのウィーンをシニカルに観察しているが、疎遠だった妹が彼の人生に再登場するや、同じように神秘的な、人類の「別の状態」について暗示を得る。ウエルベックはフランソワに対し、こうした超越的な逃亡を封じる。フランソワのロカマドゥールでの体験は、ハンスとウルリヒの悟りのパロディ、悲喜劇的な周回遅れのように読める。残された出口は、歴史という目に見えない力への服従あるのみである。

明らかに、ウエルベックは近代ヨーロッパの崩壊とイスラームの勃興を、一個の悲劇として読んでもらいたがっている。彼はあるインタビューでこう語った。「つまるところ、古い文明が終わったということです」。しかし、少なくとも小説のなかでは、イスラームは悪の宗教ではなく、ただ現実的な宗教として描かれる。非イスラーム教徒の知識人が、(フランスにおける)カトリック教会や(北欧やアメリカにおける)プロテスタンティズムの内向きの信仰をベースに考える、空想上のイスラームではない。『服従』のイスラームは異質で本来的に拡大志向の社会的な力、一言でいえば帝国である。平和的でもありうるが、妥協や人間の自由の領域を拡大することには興味を示さない。より良い人間をつくりたいとは願うが、より自由な人間はいらない。

批評家たちはこの小説を反イスラームだとみなしている。彼らは個人の自由こそが至上の人間価値であると想定しており、イスラームの伝統も同じだと確信しているからだ。実際にそうではないし、ウエルベックもそう考えていない。ただウエルベックがイスラームについてどう考えようと、イスラームは『服従』の標的ではない。イスラームは、伝統や権威からの自由、自らの目的を追求する自由など、行き過ぎた自由の探求は災厄につながるという、間歇的に沸きあがるヨーロッパの不安を表現する手段として使われているのだ。

ウエルベックの出世作『素粒子』は、六〇年代を体現するナルシスティックなヒッピーの両親に捨てられ、耐えがたいトラウマに悩まされる、二人の兄弟の物語だ。[14] けれども、新作ごとに明らかになるのは、重大な歴史の転換点はずっと前に起きていた、とウエルベックが考えていることだ。現代の問題は、啓蒙思想が中世の有機的な全体性を攻撃し、技術進歩をむやみやたらに追求することからはじまった、と彼は考えている。ウエルベックがイスラームに投影する特質は、宗教右派がフランス革命以来、中世のキリスト教国に帰してきたものと変わらない。すなわち、強い家族の絆、道徳教育、社会秩序の維持、居場所の感覚、意味ある死、とりわけ文化をつづけていくという意志だ。さらにウエルベックは、極右の過激な排外主義者から過激なイスラーム主義者まで、現在を軽蔑し、歴史を遡って失われたと想像するものを取り戻すことを夢見る人々への深い理解を示す。ウエルベック的人物たちはみな当初はセックスに、[15] 近作では宗教に逃避する。四作目の『ある島の可能性』ははるか未来を舞台に設定している。そこでは、生命工学により、人生がつらくなったら自殺し、以前の生活の記憶をもたないまま、クローンとして再生できる。ウエルベックにとって、これがあらゆる可能世界のうちで最良のもののように見える。つまり、記憶のない不死の世界だ。二〇二二年のヨーロッパは現在を逃れる別の道を見出すべきだ。「イスラーム」はたまたま次のクローンの名前であったにすぎない。

ミシェル・ウエルベックは憤怒に駆られていない。彼には政治綱領のようなものはなく、エリック・ゼムールのように国家の裏切り者たちに拳を振りかざすこともない。ウエルベックは、われわれがどう愛し、どう働き、どう死んでいくのか、といった、同時代文化を熟知しているにもかかわらず、彼の小説はいつも歴史的な長期持続《ロング・デュレ》に焦点を当てる。残念ながらそうして取り返しのつかない仕方で、フランスは自意識を失ってしまった、とどうやら彼は本当に信じているらしい。しかしフェミニズムや移民、EUやグローバル化がそれを招いた、とは考えていない。これらは二世紀前にはじまった危機の徴候にすぎない。その危機は、歴史をめぐるヨーロッパ人の賭け、すなわち人間の自由を拡大すればするほど、幸せになれるという賭けが招いたのである。ウエルベックから見れば、ヨーロッパはこの賭けに負けた。ゆえにヨーロッパ大陸は遭難し、古来からの誘惑、神の言葉を代弁する者たちへの服従という誘惑にさらされているのである。その神はといえば、かつてないほど遠く、沈黙を守っている。

おわりに　騎士道精神とカリフ制

「昔が今よりもよかったのはなぜか」と言うな。
あなたがこれを問うのは知恵から出るのではない。
「伝道の書」七：一〇

ドン・キホーテの憂鬱

はじめての冒険に出発してまもなく、ドン・キホーテは山羊飼いたちの夕餉に招かれた。肉がわずかばかり入ったシチューと硬いチーズを大量のワインで流し込む慎ましいものだった。食事が終わると、山羊飼いたちはハシバミの実をいっぱいに広げてデザートにと割り出した。めいめいは思い思いに夢想に耽るものの、ただドン・キホーテだけは手のうえでハシバミの実を転がすばかりだった。そして、おもむろに咳払いするや、「幸せな時代、昔の人々が黄金と名づけたあの幸せな世紀」[1]と、ハシバミを貪る山羊飼いたちに口上を述べた。あの時代には自然の恵みがふんだんにあり、望めばいつでも手に入れられた。「〈俺の物〉と〈おまえの物〉」という区別もなければ、農場すら存在しなかった。当然、農具も作られず、作る人もいなかった。羊飼いの乙女は慎み深く、質素な装いで、だれに煩わされることなく、丘から丘へと歩き回っていた。貞節な恋人はほとばしり出る自然な詩で乙女を呼び止めた。裁いたり裁かれることもなかった。正義があまねく支配していたので、法はまったくもって不要だった。

幸福な黄金時代は終わってしまった。なぜだろうか。山羊飼いたちは尋ねないし、ドン・キホーテも彼らを秘教的な知識で悩ませはしなかった。ただ当たり前のこと、いまでは乙女はおろか孤児すら食い物にされていることを思い出させるだけだった。「黄金時代」が終わりを告げると、法が必要とされたが、裁きを行う純粋な心は残されていなかったので、腕っぷしの強い邪な輩がか弱き善良な人間を脅し放題になった。だからこそ、中世に騎士団が結成され、ドン・キホーテはそれを近代に復活させようと決意したのである。山羊飼いたちは、この張り子の兜をかぶった老人の話を「あっけにとられ」ただ黙って聞いていた。サンチョ・パンサは旦那様の熱弁にはもう慣れっこだったので、ただ酒を飲みつづけた。

ドン・キホーテは、エンマ・ボヴァリーのように本を読みすぎた。二人はグーテンベルグ革命の殉教者である。「憂い顔の騎士」は理想の昇華や勇敢な行為の物語に夢中になりすぎたので、もはや物語と現実の区別がつかなくなってしまった。他方、ボヴァリー夫人は金持ちの転落話や、貧しい少女とすてきな伯爵のロマンスや、果てしない舞踏会暮らしの話を読みふけった。彼女は旅行がしたくなったり、昔の修道院に帰りたくなったりした。死にたくもあり、パリへ行って住みたくもあった。[2]だれもがそうであるように、世界があるべき状態にないという事実が、二人を苦しめた。

しかし、作家のメアリー・マッカーシー〔一九一二～一九八九〕が、「ボヴァリー夫人はスカートを履いたドン・キホーテである」と書いたのは、間違いである。ボヴァリー夫人の苦悩は観念的《プラトニック》だ。まったく場違いのところで、まったく見当違いの人たちに、想像にすぎない理想を探し求めた。そして最後まで、自らにふさわしい愛と承認が得られると信じていた。他方、ドン・キホーテの苦悩はキリスト教的なものである。むかしむかし、世界は満たされた状態にあり、キリストの肉体はその理想そのものであったが、消え失せてしまった、と確信していた。楽園を前もって味わってしまったドン・キホーテは、ボヴァリー夫人より激しく苦しむ。彼女はありそうにないことを望みはしたが、不可能なことを望んだわけではないからだ。ドン・キホーテは「キリストの再臨」を待ち望んでいる。しかし、そうした探求はあらかじめ失敗する運命にあった。というのも、時間の性質に逆らっているからである。時間は巻き戻すことも、征服することもできない。過去はどこまでも過去のままなのである。この考えは、ドン・キホーテにとっては耐えがたい。騎士道文学は彼からアイロニーを、鎧から輝きを奪ってしまった。アイロニーとは、現実と理想のいずれも曲解せずに、その隔たりをうまく橋渡しする能力であるといえるかもしれない。ドン・キホーテは目に映る隔たりが歴史上の大惨事によってもたらされたという幻想のもとにあり、たんに人生に根ざしているとは考えない。ドン・キホーテは悲喜劇的なメシアであり、自らつくりあげた砂漠をさまよっている。

時間を区分するという誘惑

ドン・キホーテのこの幻想を支えているのは、歴史についてのある仮説である。すなわち、過去というものは、たがいに区別される、それぞれ一貫性のある時代に、前もって区分されているという仮説である。無論「時代」とは、歴史を解読可能なものにするために、われわれが時間という紙テープのうえに置く点と点のあいだの空間にすぎない。われわれは人生において同じようなことをしており、経験という混沌のなかから「出来事」を切り出して解読可能にしている。いみじくも、『パルムの僧院』の主人公ファブリス・デル・ドンゴがワーテルローの戦いをむなしく求めるなかで発見したようにである。[3] 思考になんらかの秩序をもたせるには、大雑把で出来合いの秩序を過去に当てはめる必要がある。「時代の幕開け」「一時代の終わり」といった比喩を使うが、だからといって、ある正確な瞬間にある時代から別の時代へと境界を越えたつもりはない。隔たった過去であれば、自分の行為には自覚的になれ、たとえば、更新世期や石器時代を一千年前や後にずらしても、とくになにかが危機にさらされているとは思わない。区別はそこにあって役に立ち、かりに役に立たなければ、修正したり無視したりする。原則として、分類学の生物学に対する関係は、年代記の歴史学に対する関係と同じである。

だが、現在に近づくほど、われわれがする区別と社会との関わりは大きくなり、年代記は議論を引き起こすことになる。これは分類学も同様である。種の概念は、植物と人類に適用される場合では異なる反響を呼び起こす。「人種」に含まれる危険性は具象化である。具象化が生じるのは、現実を理解しようとして、分類するのに役立つ概念をつくりだし（たとえば「インド・アーリア」語族）、それから、その概念が現実に刻印された事実であると宣言する（独特な文化と歴史をもつ同質的な「インド・アーリア」民族）ときである。人種に関しては具象化しないように学んでいるが、歴史理解となると、われわれはいまだに救いがたく象化する傾向が強い。

時間を時代に区分する衝動は、われわれの想像力に埋め込まれているようだ。われわれは星や季節が規則的に循環することも、人生が無から成熟へ、また無へと、弧を描いて戻ってくることも知っている。古代文明においても近化文明においても、この自然の運動は抗いがたい比喩として、宇宙論から宗教、政治まで、さまざまな変化を表現するのに使われてきた。だが、比喩は成熟するにつれて、詩的想像力を喚起しなくなり、社会神話へと場を移し、疑いのない事実として定着するようになる。キェルケゴールやハイデガーを読むまでもなく、われわれは歴史意識にともなう不安や、時間が前のめりに進むため、未来へ投げ出されるように感じるときに、襲いかかる内なる激しい痛みを知っている。こうした痛みを抑えるために、有史以来、ある時代の後には別の時代がつづいたことを、自分は知っているんだと言い聞かせるのである。この罪のない嘘は未来における経過を変えられるという希望、あるいは少なくとも未来に順応する術を学べるという希望を与えてくれる。また、呪われた衰退の歴史に囚われていると考えることには慰めすらあるようだ。もっとも、車輪が新たに回転して前に進んでいくことが期待できるかぎり、あるいは終末論的な出来事が時間そのものの彼岸へ連れ去ってくれることを期待できるかぎりにおいてではあるが。

時代という考え方は、魔法に等しい。もっとも偉大な精神ですらそれに屈してきた。ヘシオドスやオウィディウスにとって「人間の時代」はアレゴリーだったが、旧約の「ダニエル書」の作者にとっては、世界を支配する運命にある四つの王国は確実に実現する予言だった。エウセビオスからフランスのカトリック神学者ジャック＝ベニーニュ・ボシュエ〔一六二七～一七〇四〕にいたるキリスト教の護教論者が目にしたのは、神が摂理の御手を使って明確に区別できる時代を定め、各時代を福音の準備、次いで啓示、さらに普及によってしるしづけたということだ。中世イスラーム世界を代表する歴史家イブン・ハルドゥーン〔一三三二～一四〇六〕、マキャヴェッリ、イタリアの哲学者ジャンバッティスタ・ヴィーコ〔一六六八～一七四四〕は、国家は未開の状態からはじまり、頂点へと向かい、文化的な爛熟とともに頽廃してゆき、一巡して元の状態に戻る、という一定のメカニズムを発見したと考えた。ヘーゲルは政治や宗教や芸術や哲学など、あらゆる人間の営みの歴史を、蛇行する時間の織物という弁証法内の三つのテーゼに分けた。ハイデガーは人間の理解を越える運命によって開かれ閉じられる『存在』の歴史における画期」について曖昧に語った（だが、ナチスの鉤十字のようなわかりやすいしるしを残していくこともある）。より小者ではあるが、大学のポストモダンの予言者たちも、「ポスト」という接頭辞を使うことで、時代を区別する衝動には打ち勝てないようだ。ポストモダンが頂点であるという衝動に捉われることもあるようだ。そこでは、すべての差異は意味がなくなることになる。

　進歩や後退、循環の物語はみな、歴史的な変化が生じるメカニズムを前提としている。そのメカニズムは宇宙の自然法則や神の意志、あるいは人間精神の弁証法的な発展、それとも経済の力かもしれない。それが何であれ、ともかくも一定のメカニズムがあると了解すると、なにが本当に起きたのか、これからなにが生じるのかを理解したと確信するにいたる。だが、そのようなメカニズムなど存在しないとしたら、どうだろうか。歴史はどんな時間の構造学によっても説明できない突発事に左右されるとしたら、どうだろうか。こうした問いが生じるのは大変動に直面するときである。大変動は、いっさいの合理的解釈をはねのけ、なんの慰めも与えない。そこで発展するのが黙示録的な歴史観である。黙示録は時間に裂け目があるのを認める。それは一年経るごとに大きくなり、黄金時代や英雄時代、あるいはたんに普通の時代からわれわれを遠ざける。実際、このビジョンでは、歴史には、たった一つの出来事しかない。あるべき過去の世界を実際に生きねばならない現実世界から切り離すカイロス〔一定方向に流れるクロノスの時間に対し、カイロスの時間は主観的な一瞬、内なる時間経験を表すとされる〕である。これが過去について知りうる、そして知るべきすべてである。

　黙示録的な歴史にも、歴史がある。人間の絶望を記録したものだ。思いつくままに挙げると、エデンからの追放、第一神殿と第二神殿の破壊、イエスの礫刑、西ゴート族によるローマ略奪、カルバラーの戦い〔4〕、十字軍の遠征、エルサレムの陥落、宗教改革、コンスタンティノープルの陥落、イングランド内戦、フランス革命、アメリカの南北戦争、第一次世界大戦、ロシア革命、カリフ制の廃止、ショア、パレスチナ《ナクバ》戦争、「六〇年代」、九・一一アメリカ同時多発テロ事件などがある。これらの出来事はみな歴史における決定的な断絶として集合的記憶に刻み込まれている。黙示録的な想像力にとって、過去ではなく、現在こそが異国である。それゆえ、次の出来事が楽園の扉を一気に開けてくれるのを夢見がちになる。地平線に視線をこらして、「メシア」「革命」「指導者」それとも時間の終わりそのものを待ち望んでいる。いまやわれわれを救えるのは黙示録だけしかない。大惨事に直面すると、この病的な確信は単純に常識のように見えてくる。だが、歴史をつうじて、黙示録は途方もない希望をも引き起こしてきた。しかし、希望はかならず裏切られ、人々をますます惨めにしてきた。「神の国」への扉は閉ざされたままであり、後に残されたものは、敗北や破壊や亡命の記憶、そして失ってしまった世界という無数の幻想だけである。

喪失とノスタルジア

敗北も破壊も亡命も経験したことのない人間にとって、喪失には否定しがたい魅力がある。ルーマニアの旅行代理店はブカレストの「美しい廃墟ツアー」と銘打ったツアーを提供している。旅行者は瓦礫やガラスの破片だらけの建物や、雑草が伸び放題の工場跡などの、共産主義政権崩壊後の都市の風景を見て回る。ネット上では好意的なレヴューがあふれかえっている。若いアメリカ人アーティストたちは、再開発により高級化したニューヨークでは評価されないと感じるのか、アメリカのブカレストとでも呼べる、デトロイトへ引っ越し、歯を食いしばって再起しようとしている。一九世紀のイギリス紳士たちにも同じような衝動があって、打ち捨てられた修道院や田舎の邸宅を買いあさり、そこで週末に凍えていた。ロマン主義者にとっては、理想の腐敗こそが理想なのである。

こうした没落願望《ラ・ノスタルジー・ド・ブ》は歴史の犠牲になった人々にとっては無縁である。過去と現在を隔てる亀裂の向こう側には、喪失を認め、希望をもって、あるいはなんの望みもなく未来へ向かう人々がいる。たとえば、腕に刻印された番号にはいっさい触れることなく、日曜の午後に孫と遊ぶ収容所の生存者がそうだ。亀裂の淵にとどまり、向こう側で光が遠のいていくのを眺めながら、毎晩、怒りと諦めのあいだで心が大きく揺れる人々もいる。たとえば、屋根裏部屋のサモワールの傍らに座り、重いカーテンは閉じたまま、昔の歌を歌いながら涙する老いた白系ロシア人などが思い浮かぶ。だが、亀裂そのものを崇拝する人々もいる。どんな宇宙創造主が亀裂を生じさせたのであれ、その神への復讐にとりつかれている。彼らのノスタルジアは革命的である。時間の連続性はすでに破れてしまったので、二つ目の亀裂をつくり、現在から逃れることを夢見はじめる。だが、どの方向へ。過去へ戻り、回帰する権利を行使すべきなのか。それとも、黄金時代に触発された新たな時代へ前進すべきなのか。神殿を建て直すのか。キブツを建設するのか。

ノスタルジアの政治とは、このような問いにすぎない。フランス革命の後、財産を奪われた貴族や聖職者たちは国境にとどまり、まもなく家に帰り、家具をきちんと整えられると思っていた。四半世紀待つはめになったうえ、フランスはもはやかつてのフランスではなかった。王政復古がなされた後も、昔のフランスではなかった。だが、カトリック王党派のノスタルジアはフランス政治において強力な潮流でありつづけ、第二次世界大戦までつづいた。ヴィシー政権に協力したために、アクション・フランセーズのような運動はようやく信用を失ったのである。しかし、小規模な賛同者のグループはいまでも存在し、『アクション・フランセーズ』は亡霊のように、隔週新聞売り場に並ぶ。第一次世界大戦でのドイツの敗戦は、アドルフ・ヒットラーを反対の方向へ押し出した。ヒットラーはかつてのドイツを取り戻すイメージを保守的な村々に投影することもできたかもしれない。歌う戦士のハンス・ザックス〔一四九四～一五七六〕が住む、ババリアの谷間にひっそりと佇む村のようなイメージを。しかし、ヒットラーはそうする代わりに新たなドイツを口にした。古代の部族とローマ軍団に想を得たV号戦車パンターに乗り、鉄の嵐を巻き起こし、工業化した超近代的なヨーロッパに君臨して、ユダヤ人とボリシェヴィキを一掃した。過去へ前進。

共振する西欧とイスラーム

黙示録的な歴史学は決して廃れることがない。今日、アメリカの保守主義者たちは通俗的な神話を完成させた。すなわち、アメリカは力強く、高潔に第二次世界大戦を生き抜いたが、結局、「六〇年代の大災厄《ナクバ》」の後で、恐ろしく世俗的な国家に支配される放縦な社会になってしまった、というものだ。どう対応すればよいのかで意見が割れている。理想化された伝統的な過去へ戻りたい者もいれば、フロンティア精神がふたたび育まれ、ネットが浸透した、リバタリアン的な未来を夢見る者もいる。ヨーロッパでは、とくに東欧において事態はより深刻である。ベルリンの壁が壊されて以降、一九一四年以来凍結されていた大セルビアの古い地図が引っ張りだされネットに投稿された。ハンガリー人は古い物語をふたたび語りはじめ、ユダヤ人やジプシーがあまりいなかった頃の生活がどんなに良かったかと懐かしんでいる。ロシアは危機的状況にある。あらゆる問題がいまではソヴィエト連邦の分裂という大変動のせいにされている。だからこそ、ヴラジーミル・プーチンはロシア正教会の祝福を受け、戦利品とウォッカに支えられる帝国復活の夢を売り歩けるのだ。

しかし、今日、失われた「黄金時代」がもっとも強力に信じられているのは、イスラーム世界においてであり、そのことが深刻な結果をもたらしている。過激なイスラーム主義の文献を読みこむほど、この神話の魅力を強く感じることになる。それはこんな風に展開する。預言者ムハンマドの到来以前、世界は無知の時代「ジャーヒリーヤ」にあった。偉大な帝国は異教徒の不道徳のうちに衰退した。キリスト教は生命を否定する修道生活を発展させていた。アラブ人たちは迷信深く、酒に溺れ、博打を打っていた。そこへムハンマドが神の最終的な啓示を伝える器として選ばれ、啓示を受けいれた個人や民族の道徳意識が高まった。預言者の教友たちと初期のカリフたちはメッセージの申し分のない伝道者として、神の法に基づいて新しい社会をつくりはじめた。だが、すぐに、驚くほどすぐに、この創設者たちの世代の熱意は失われてしまい、いまだに取り戻されていない。アラブの大地に征服者たち、たとえばウマイア朝やアッバース朝、十字軍、モンゴル人やトルコ人と、さまざまな征服者がやって来ては去っていった。信者がクルアーンに忠実であるとき、正義と美徳らしきものがあり、数世紀は芸術や科学が進歩した。しかし、成功はつねに豪奢をもたらし、豪奢は悪徳と停滞を生みだした。神の主権を課す意志は死に絶えた。

一九世紀に植民地大国がはじめてやって来たとき、ただの西洋の十字軍の再来のように見えたが、より深刻で、まったく新たなイスラームへの挑戦であった。中世の十字軍の騎士たちは軍事的にイスラーム教徒を征服し、イスラーム教からキリスト教へ改宗させようとした。近代の植民者たちの戦略は、宗教から完全に引き離し、非道徳的な世俗の秩序を押しつけることで、イスラーム教徒の弱体化を図ることにあった。戦場で聖なる戦士たちに対峙する代わりに、新たな十字軍は近代科学と技術というガラクタを差し出すだけで、敵を魅惑した。猫なで声でこうささやいた。「神を捨て、神の正統なる支配を力づくで奪うなら、これはみなあなたのものです」。あっという間に、世俗的な近代というお守りは効力を発揮し、イスラーム教徒のエリートたちは「発展」の狂信者となり、女の子も含めて子どもたちを世俗的な学校や大学へやり、予想通りの結果をもたらした。これを推進したのは僭主たちであった。西洋の庇護の下でエリートを支配し、その命令に従って信心深い人々を抑圧した。

こういった力、つまり、世俗主義、個人主義、唯物主義、道徳的無関心、僭主制といったさまざまな力が、いまや組み合わされて、新たなジャーヒリーヤをもたらしている。あらゆる信心深いイスラーム教徒はこれに抵抗しなければならない。ちょうど七世紀はじめに預言者が抵抗したのと同様である。ムハンマドは妥協しなかった。自由主義化も民主化も行わず、発展も追求しなかった。神の言葉を語り、神の法を制度化した。ムハンマドの聖なる例に倣わなければならない。これが成し遂げられるや、預言者ムハンマドと教友たちの栄光ある時代が永遠に回帰してくるだろう。神のご意志《インシャアッラー》によって。

失われた時を求めて

この神話にイスラーム教独自のものはまったくない。首尾よく信者を動員し、並外れた暴力行為に走らせる手口には前例がある。たとえば、十字軍や、ナチスのヴァルハラ〔5〕を経てローマへ回帰する目論みがそうだ。「黄金時代」が「黙示録」に出遭うと、大地は震撼しはじめる。

驚くべきことは、歴史学的にも神学的にも、この神話に対する抗体が現代のイスラーム思想にほとんどないことである。聖なるテクストにしてはめずらしいことだが、宝石のように美しいクルアーンの知恵と詩のなかに、歴史におけるイスラームの位置について、自信のなさが垣間見える。ごく最初の章《スーラ》から、読者はユダヤ教徒やキリスト教徒から鼻であしらわれるムハンマドの落胆を共有するよう促される。ムハンマドはユダヤ教徒とキリスト教徒から受け継いだ預言を廃棄するのではなく、実現するためにやって来たにもかかわらずである。預言者ムハマンドが使命に着手するとすぐに、歴史は脇道に逸れ、宝が目に入らない「啓典の民」のために調整が必要になった。[6] 聖パウロも似たような難題に直面し、書簡のなかで、キリスト教の異端派、ユダヤ系キリスト教徒、非キリスト教徒のユダヤ人にも平和的に共存するよう勧めている。クルアーンの詩句には預言者への抵抗に対し寛大で寛容なものもあるが、不寛容なものがはるかに勝る。クルアーンは遅れてやって来たことに対し間違いなく不満をもっており、これは現在に不満を抱いている者にたやすく悪用される。クルアーン解釈の深遠な知的伝統を知らない未熟な読者は、どんな理由であれ、自らの生活状態について怒り、あるいは怒りを覚えさせられるので、クルアーンをもちいて歴史上の恨みは神聖であると説く連中の格好の餌食となる。そこから歴史的な復讐も神聖だと考えはじめるのは大した飛躍ではない。

テロが終結したら——最終的には消耗して敗北して終わるはずだが——、政治的イスラーム主義の情念はその非道さとともに考察に値するだろう。考えるだけで頭を抱えたくなるが、政治的イスラーム主義者は歴史を知らず、敬虔さをとり違え、並外れて名誉にこだわる。無力な青年は気どりすまし、現実がまったく見えておらず、そのせいか現実に対して恐怖すら感じている。それが残忍な熱狂の背景となっている。これに比較すると、ドン・キホーテの情念はかなり異なる。「憂い顔の騎士」は馬鹿馬鹿しくはあるが高貴であり、現在に取り残された悩める聖人で、多少の傷は負わせるかもしれないが、出逢う者たちを良い人間にしていく。柔軟な狂信者であり、ときにサンチョ・パンサに目配せをして「心配無用。自分のことはわかっている」というかのようだ。そしていつ止めればいいのかわかっている。夢から覚めてほしいと願う友人たちがしつらえた偽の戦いで破れた後は、騎士道を断ち、病に罹り、二度と回復することはなかった。サンチョは元気づけようと、二人で田舎に退いて「黄金時代」のように素朴な羊飼いとして暮らそうと提案するが、無駄に終わる。ドン・キホーテが謙虚に死と向き合うからだ。勝利に酔いしれる、復讐に駆られたドン・キホーテは想像できない。

過激なイスラーム主義の文献は悪夢と化した『ドン・キホーテ』である。その作者たちもまた現在に取り残されたと感じているが、彼らには、時間のうちに失われたものは、時間のうちに見出しうるという神の保証がある。神にとって、過去は決して過去のものとはならない。理想の社会はいつでも存在しうる。かつて存在したのだから、実現するのに必要な社会的条件はない。かつて存在したものは、いまでも存在するに違いなく、存在しうるからだ。理想の社会に必要とされるのは、信仰と意志のみである。敵は時間そのものではなく、あらゆる歴史の転換期に、神の道に立ちはだかった者たちである。この強力な考え方は新しいものではない。マルクスは一八四八年の革命に対する保守派の反動を考察し、こう書いた。革命的な危機の時代には、われわれは「不安から過去の精神を呼び出し」、未知なるものに直面した自らを慰める。だが、マルクスは、そのような反動は一時的なものにすぎず、人間の意識は現実ですでに起きていることに追いつくべく運命づけられているると確信していた。政治的なおとぎ話が経済の力よりも支配的に見える今日、マルクスの確信を共有するのは難しい。残念ながらすでにお気づきのように、現代においてもっとも強力な革命的スローガンはこうはじまるのである。

「むかしむかし……」

謝辞

本書はすべて『ニューヨーク・レヴュー・オブ・ブックス』に初出のエッセイをもとにしている。例外は「ルターからウォルマート」で、旧バージョンは『ザ・ニュー・リパブリック』に掲載された。もう数年も私を励まし、徹底的に批評してくれたロバート・シルヴァースとレオン・ウィーゼルタイアーに感謝する。

執筆中に研究員として迎えてくれたパリ高等研究所にも感謝する。とりわけグレティ・ミルダル所長、そして、サイモン・ラック、マリー＝テレーズ・セール、ジュヌヴィエーヴ・マルマン、ブラー一家にも感謝を捧げる。

『難破する精神』を親友のアンドリュー・スタークとデイモン・リンカーに捧げる。

原注

序章

（1）偉大な例外はトーマス・マンである。『魔の山』の登場人物レオ・ナフタはすばらしい人物造形である。結核に冒されたユダヤ人でカトリックに改宗し、イエズス会の神父になったが、結局共産主義へ共感を抱くようになる。だが、それはファシズムでもあったかもしれない。ナフタは中世へのノスタルジアと、近代史は救いがたく脱線してしまったという確信からある種の知的ヒステリーに駆られる。絶対的な権威をふたたび打ち立てる暴力的な革命のみが人類を救済する、と信じている。マンがこの人物をマルクス主義者の哲学者にして革命家のゲオルグ・ルカーチをモデルにしたことは、革命家と反動家の間の親和性をよく理解していたことを示している。対して、ルカーチがマンの描いたものを理解できなかったことは、彼の自己分析の甘さを示している。

（2）*The Reckless Mind: Intellectuals in Politics* (New York Review Books, 2001)〔佐藤貴史、高田宏史、中金聡訳『シュラクサイの誘惑――現代思想にみる無謀な精神』（日本経済評論社、二〇〇五年）〕。

（3）前掲邦訳『シュラクサイの誘惑』のシュミットの章を参照されたい。

1

（1）ドイツ語のタイトル *Das Büchelein vom gesunden und kranken Menschenverstand* には、英語〔英訳は *Understanding the Sick and the Healthy*〕には訳しにくい言葉遊びがある。Gesunder Menschenverstand は直訳すると「健康的な人間の理解」となるが、実際には「常識」を意味する。

このタイトルでローゼンツヴァイクは常識と知的な病を対照しようとした。後者には手頃な用語が見つからない。この対照をとらえる訳はあまりこなれていないが、"The Booklet on Common Sense and Unhealthy Thought"（常識と不健康な思考）となろうか。

3

（1）ハイデガーと国家社会主義との関係については、前掲邦訳『シュラクサイの誘惑』第一章を参照。

（2）「ユダヤ教は不運ではなく、こういってよければ、『英雄的な錯覚』である……あれほど高貴な夢は見られたことがない。たしかに、もっとも高貴な夢の犠牲者になることは、みすぼらしい現実から学びそのなかでのたうち回ることより、ずっと高貴なことである。……究極的な神秘という真理——究極的な神秘があるという真理、存在が根源的に神秘的であるという真理——は、現代の不信心なユダヤ人にも否定できない」。「なぜユダヤ人としてとどまるのか」（一九六二年）『ユダヤ哲学と近代の危機』（シュトラウスのユダヤ教論集）(SUNY Press, 1997) を参照。

（3）シカゴ大学レオ・シュトラウス・センターの尽力により、シュトラウスの授業のオーディオテープや講義録の多くがオンラインで利用可能である。leostrausscenter.uchicago.edu を参照のこと。

4

（1）*The Unintended Reformation: How a Religious Revolution Secularized Society*〔『意図せぬ宗教改革——宗教革命がいかに社会の世俗化をもたらしたか』〕(Harvard University Press, 2012)

5

（1）前掲邦訳『シュラクサイの誘惑』の第二章を参照のこと。

6

（1）*Le Suicide français* (Paris: Albin Michel, 2014).

（2）*Soumission* (Paris: Flammarion, 2015)。英訳はロリン・シュタインによる（Farrar, Straus and Giroux, 2015）〔大塚桃訳『服従』河出書房新社、二〇一五年〕。

訳注

序章

〔1〕井上堯裕訳『法の精神』（中央公論新社、二〇一六年）。
〔2〕村松正俊訳『西洋の没落――世界史の形態学の素描』（五月書房、二〇〇一年）。
〔3〕菅野盾樹訳『アメリカン・マインドの終焉――文化と教育の危機』（みすず書房、一九八八年）。
〔4〕前掲邦訳『アメリカン・マインドの終焉』、三四七頁。

1

〔1〕華園聰麿訳『聖なるもの――神的なものの観念における非合理的なもの、および合理的なものとそれとの関係について』（創元社、二〇〇五年）。
〔2〕村岡晋一、細見和之、小須田健訳『救済の星』（みすず書房、二〇〇九年）。
〔3〕小川圭治、岩波哲男訳『ローマ書講解』（平凡社、二〇〇一年）。
〔4〕村岡晋一訳『健康な悟性と病的な悟性』（作品社、二〇一一年）。

2

〔1〕山口晃訳『政治の新科学――地中海的伝統からの光』（而立書房、二〇〇三年）。
〔2〕中田一郎訳『ハンムラビ「法典」』（リトン、二〇〇〇年）、一～二頁。
〔3〕秋山さと子、入江良平訳『グノーシスの宗教――異邦の神の福音とキリスト教の端緒』（人文書院、

一九八六年)。

3

〔1〕ポーリーン・フィリップスがアビゲイル・ヴァン・ビューレンの筆名で一九五八年にはじめたコラム。読者からの質問に回答するかたちをとり人気を博し、現在は娘のジェーン・フィリップスが後を継いでいる。

〔2〕塚崎智、石崎嘉彦訳『自然権と歴史』(昭和堂、一九八八年)。

〔3〕前掲邦訳『自然権と歴史』、三頁。

〔4〕前掲邦訳『自然権と歴史』、三頁。

〔5〕前掲邦訳『自然権と歴史』、四頁。

〔6〕前掲邦訳『自然権と歴史』、七頁。

〔7〕前掲邦訳『自然権と歴史』、七頁。

〔8〕アメリカの保守主義運動の象徴ともいわれ、その思想はロナルド・レーガンに引き継がれた。なお、スピーチの執筆に当たったのは、シュトラウスの弟子のハリー・ジャファ(一九一八~二〇一五)である。

〔9〕菅野盾樹訳『アメリカン・マインドの終焉——文化と教育の危機』(みすず書房、一九八八年)。

〔10〕前掲邦訳『アメリカン・マインドの終焉』、三四七頁。

〔11〕前掲邦訳『アメリカン・マインドの終焉』、三四七~三四八頁。

4

〔1〕大河内了義、三光長治、西尾幹二訳『反時代的考察』〈ニーチェ全集　第一期第二巻〉(白水社、一九

八〇年)、一三七頁。邦訳の「このような魂」をリラの引用にあわせて変更。

〔2〕赤木善光、泉治典、金子晴勇訳『神の国』(教文館、一九八〇～一九八三年)。

〔3〕峠向武訳『中世における理性と啓示』(行路社、一九八二年)。

〔4〕篠崎榮訳『美徳なき時代』(みすず書房、一九九三年)。

〔5〕サミュエル・ベケットの戯曲『ゴドーを待ちながら』のゴドーのこと。神《ゴッド》を意味するともいわれるが、解釈はまちまちである。

〔6〕五四七年没。西方教会における修道院制度の創設者で、「修道士の父」と呼ばれる。

〔7〕前掲邦訳『美徳なき時代』、三三一頁。

5

〔1〕三光長治訳『ミニマ・モラリア――傷ついた生活裡の省察』(法政大学出版局、一九七九年)、二九七頁。

〔2〕『現代訳聖書』(日本聖書協会、一九八三年)より。

〔3〕高橋哲哉、清水一浩訳『パウロの政治神学』(岩波書店、二〇一〇年)。

〔4〕前掲邦訳『パウロの政治神学』、七七頁。傍点著者。

〔5〕前掲邦訳『パウロの政治神学』、五五頁。傍点原著。

〔6〕前掲邦訳『パウロの政治神学』、四七頁。傍点著者。

〔7〕長原豊、松本潤一郎訳『聖パウロ――普遍主義の基礎』(河出書房新社、二〇〇四年)。

〔8〕市川崇訳『コミュニズムの仮説』(水声社、二〇一三年)、一三〇頁。

〔9〕前掲邦訳『コミュニズムの仮説』、一三一頁。

〔10〕長原豊、馬場智一、松本潤一郎訳『世紀』(藤原書店、二〇〇八年)、一一九～一二〇頁。英訳では

「幾十万」。
〔11〕前掲邦訳『聖パウロ』、一六頁。
〔12〕塩川徹也訳『パンセ』(岩波書店、二〇一五〜二〇一六年)。
〔13〕前掲邦訳『聖パウロ』、七頁。
〔14〕前期邦訳『聖パウロ』、一七八頁。一部引用を変更。
〔15〕前掲邦訳『聖パウロ』、二六〜二七頁。

6

〔1〕加藤二郎訳『特性のない男』〈ムージル著作集第一巻〉(松籟社、一九九二年)、七〇頁。
〔2〕前掲邦訳『服従』、一七頁。
〔3〕前掲邦訳『服従』、一一頁。
〔4〕前掲邦訳『服従』、一一八頁。
〔5〕ピエール・アベラール(一〇七九〜一一四二)は中世フランスの論理学者、キリスト教神学者。唯名論の創始者として知られるが、姪のエロイーズと恋に落ち、往復書簡『アベラールとエロイーズ』を遺した。
〔6〕フランソワはここで歴史ある建造物のソルボンヌ＝パリ第四大学のことを思い浮かべている。
〔7〕小説では、フランソワが修道院へ向かうのは、ミリアムから別れを告げるメールを受け取ってしばらくたってからである。前掲邦訳『服従』、一二九頁以降。
〔8〕この部分におけるリラの記述はやや混乱している。実際、フランソワは大統領選挙で暴動が起きたパリから逃れてロカマドゥールに向かうのであり、修道院での挫折のためではない。
〔9〕前掲邦訳『服従』、一七七、一七九〜一八〇頁。

〔10〕フランソワは修道院で二日過ごした後、パリへ戻り、プレイヤード叢書のためにユイスマンスを編集することになる。この編集者からアラブ世界研究所で開催されるパーティへ誘われ、そこでルディジエに出会う。
〔11〕この部分において、実際には音楽はかかっておらず、リラの記憶違いだと思われる。
〔12〕澁澤龍彥訳『O嬢の物語』（河出書房新社、一九九二年）。
〔13〕加藤二郎訳『特性のない男』（松籟社、一九九二〜一九九五年）。
〔14〕野崎歓訳『素粒子』（筑摩書房、二〇〇一年）。
〔15〕中村佳子訳『ある島の可能性』（河出書房新社、二〇一六年）。

終章

〔1〕岩根圀和訳『新訳　ドン・キホーテ前編』（彩流社、二〇一二年）、一〇九頁。
〔2〕生島遼一訳『ボヴァリー夫人』（新潮社、一九九七年）。
〔3〕ファブリス・デル・ドンゴは、イタリア人貴族にもかかわらず、ナポレオンに憧れて、勇んでワーテルローの戦いに参戦するものの、戦場がどこかすらわからず負傷して帰国するという散々な目に遭う。
〔4〕六八〇年に起きた、ウマイア朝カリフ、ヤズィードの軍勢とムハンマドの孫、フサイン・イブン・アリー・イブン＝アリー・ターリブの戦いのこと。ヤズィードは、クーファのシーア派がフサインをカリフに担ぎ出して反乱を目論んでいることを知り、大軍を派遣し、クーファに向かう途中のフサイン一行をカルバラーの地で虐殺した。この戦いはスンニ派イスラーム教徒とシーア派イスラーム教徒を決定的に分かつ出来事となった。シーア派では、毎年フサインの殉教を追悼する行事が行われる。
〔5〕北欧神話の神オーディンの館。戦死者の魂が集められるという。一八〇七年にバイエルン王国の皇太子ルートヴィヒ一世がゲルマン系の著名人を祀る新古典主義のヴァルハラ神殿を建てた。一九三七年

に、ヒットラーはそこでブルックナーの胸像の除幕式を行っている。ヴァルハラはまたヴァーグナーの『ニーベルンゲンの指輪』にも登場する。

〔6〕クルアーンによれば、ムハンマドはおもにユダヤ教徒とキリスト教徒に共通の起源をもつ教えを受けいれるよう促したが、教えを拒んだユダヤ教徒らは神のメッセージを理解し実践できなかったとされる。このため、イスラーム圏に住む異教徒を「啓典の民」として区別し、人頭税をはじめとする規制のもとで管理することになった。

解　説——トランプ現象と反動思想

会田弘継

† 世界を席巻する反動思想

本書は主に現代の欧米思想研究で知られるコロンビア大学人文学部教授マーク・リラの最新作 *The Shipwrecked Mind: On Political Reaction* (2016 : The New York Review of Books) の全訳である。原著は二〇一六年の大統領選中に緊急出版され、『ワシントン・ポスト』『ニューヨーク・タイムズ』『ニューヨーカー』など主要紙誌に取り上げられ、反響を呼んだ。米国のトランプ現象だけでなく、欧州の政治状況を思想的に読み解くうえでも有益な一冊とみなされたからである。

原題にもあるとおり、政治的反動をテーマにした書だ。リラも本書冒頭で指摘しているように、「革命」をテーマにした本は枚挙にいとまがないが、「反動」を扱うものは限られる。限られているだけに、すぐれたものが多いように思う。リラが傾倒した英国の思想史家・哲学者アイザイア・バーリン（一九〇九〜九七）の残した著述には、歴史の流れに抗した反動思想家を扱い、秀逸なものが目立つ。バーリンの反動思想研究は、彼の生きた波乱の二〇世紀の課題につながっていた。リラの思想研究はその系譜に連なる。

本書の大部分はリラがここ十数年、主としてリベラル派論壇誌『ニューヨーク・レビュー・オブ・ブックス』に発表してきた評論をもとにしたものだが、時宜を得た出版となった。反動とはなにか。人はなぜ、どんな時に反動に惹かれるのか。米国に突然のごとくトランプ大統領が登場し、英国は唐突に欧州連合（EU）を脱退、欧州各国で極右政党が台頭するという異様な政治状況を考えるとき、単に「ポピュリズム」とか「反知性主義」という概念に安易に寄りかかるだけでは、事態は読み取りきれない。思想史的に反動の問題としてとらえてみると、奥行きが分かり、本質に迫る扉が開く。

『ニューヨーク・タイムズ』の著名な保守派コラムニスト、デイヴィッド・ブルックスは本書を「一気に読ませる」好著と評価したうえで、次のように述べている。一般に歴史は革命家が動かし、それを阻もうとする反動家は数も少なく、歴史の前進になぎ倒されていくものとして描かれる。だが、歴史は実際には革命と反動の間を往ったり来たりするものであり、いまは反動家の時代である、と。

他方、国際問題を専門とするジャーナリスト、ファリード・ザカリアは本書に寄せた賛辞で「近代の核心的要素に抗議し、それを拒否する反動思想が力を得ているのが現代だとリラは説いている」と述べ、「思想の重要性」をあらためて教えていると評価した。「近代の核心的要素」とは科学主義であり合理主義であり、自由と民主主義、そして何よりも歴史の前進を信じることであろう。

ザカリアはさらに、ケインズの『一般理論』の一節を引いて「権力を握った狂人は天の声を聞いたかのように、少し昔のどこかの駄文書きの学者に熱狂する」といっている。たしかに米国や欧州で起きている事態にはそんな側面ものぞく。ザカリアは近代化の前進が行きついたグローバリゼーションを肯定してきた。だからこそ、それを阻もうとする今日の欧米の右派の動きに苛立ちを隠さず、ケインズの雑言を借りたのだろう。

ただ、本書が取り上げる思想家・著述家の大部分は「駄文書きの学者」などではない。第Ｉ部の「反動の思想家たち」で取り上げられたローゼンツヴァイク、フェーゲリン、シュトラウスはむしろ〝巨人〟だ。近代の行き詰まり感が強まる近年、彼らの存在感はますます大きくなりつつある。書き残したものも駄文どころではない。彼らの著作の意味するところをめぐって、後生はいまだに議論を続けている。

† 反動とはなにか？

人はなぜ反動となるのであろうか。反動とはなにを意味するのだろうか。リラはその点について明確な定義をこころみているわけではないが、思想史を扱う者がほぼ同意できる見方を本書のあちこちで示している。

反動とは、不可逆な歴史の前進への抵抗である。歴史の前進を超克して、「黄金期」とみなす過去に戻ろうとする思惟《ノスタルジア》の働きだ。不可逆な歴史の前進に寄り添う進歩主義《プログレッシヴィズム》を合理主義と言い換えれば、反動とは非合理なものを受け入れようとする思惟の働きでもある。それは政治的には「害」であるかもしれないが、文化的には「豊かさ」になりうる。すくなくともその契機がある。たとえば三島由紀夫を考えてみれば、分かる。

評者は常々、反動を以上のように考えてきたが、米国や欧州の思想史の中でリラの描く反動の定義と、それほど隔たりはない。日本もまた同じ近代を歩んできたのだから、ある意味で当然だ。

本書のタイトルが示すように、リラが反動家の精神を、時間の流れの中での「難破する精神」だと見ているのは秀逸だ。だれもが当然のごとく見ている時間の流れ、すなわち歴史の前進の中で、反動家は遭難し、目の前に「楽園のがれき」が流れていくのを見ている。楽園とはすなわち過去の黄金期のエルドラド（黄金郷）を指している。

反動家は失われた過去に対し強い喪失感を持っており、それを取り戻すことは不可能であることも十分了解している。つまり絶望者なのだ。だが不確かな未来に向かう近代主義者（一部は革命家だ）に比べて、たしかな過去を拠り所にするから闘争的になりうる、とリラはいう。戦う絶望者は、より破壊的かもしれない。

† 反動と保守主義

反動家は保守主義者ではない、とリラは強調している。多くの論者が指摘することである。近代保守主義の原点であるエドマンド・バーク（一七二九〜九七）を基準に考えれば、保守主義にとって過去は戻るべきところではない。未来に継承していくべきものである。バークが社会を「いま生きているものと、すでに死んだものと、これから生まれ来るもの」の共同体と考えたとき、そこには過去を捨てずに現代を生きて未来へと向かうという進歩の契機がある。過去へ戻ろうとする反動と違うのは、その点でも明らかだ。

保守主義は過去の遺産を引き継ぎながら、改良主義で未来を目指す。実際、トーリー党ではなく、のちの自由党となるホイッグ党に属したバークは、インド植民地政策を批判し、アメリカ独立革命運動を支持していた。未来へと改良主義で進むことを考え、イギリス的自由の発展を目指していた。

リラにいわせれば、反動家は「革命家と同じように過激であり、同じように強力に歴史的な想像力に支配されている」。ただし歴史的な想像力の描き出すものがまったく違う、あるいは想像力の向かう方向がまったく違うということになる。革命家は未来に救済を見るが、反動家は暗黒時代を見る。あるいは反動家は未来にではなく、過去に救済を見るということになろう。

本書でリラが描き出すように、反動とはすぐれて近代的現象である。歴史の不可逆な流れが激しく加速したと知識人が感じだしたのは近代に入ってのことだ。「その流れは誤っている」という意識が思想として明確なかたちをとって現れるのはフランス革命以降であろう。一般にフランス革命を批判したバークをもって近代保守主義の濫觴《らんしょう》とするなら、反動思想は同革命期に反革命思想家として知られたジョゼフ・ド・メーストルを嚆矢とすることが多い。反近代・反啓蒙＝反動の思想家ド・メーストル（一七五三〜一八二一）こそが二〇世紀のファシズムの源流となったと考えることもできれば、また近代の前進の末の二〇世紀のすさまじい殺戮を予言したということもできる。反動家は「超近代的」でもあるのだ（バーリン「ジョゼフ・ド・メーストルとファシズムの起源」）。

三人の反動思想の巨人の評伝と、反動をめぐるリラのその他のエッセーを通じて一つのテーマがあるとすれば、このバーリンのド・メーストル論に尽きるかもしれない。近代の核心的要素である科学主義、合理主義、啓蒙思想の行きついた果てが二〇世紀の殺戮だとすれば、反動思想家たちは常にそれに警告を発してきたし、いまも発し続けていると見ることができる。他方で、ロマン主義をはじめ近代への反発と抵抗が「血と土」に根ざす非合理のファシズムの時代をもたらしたと考えれば、反動こそが近代の混乱の原因だともいえる。どちらの見方も正しい。そこに反近代主義としての反動の問題を考える際のアポリアがあり、本書もそれを読者に投げかけている。

現在われわれが直面している課題、すなわち米国におけるトランプ現象、欧州における英国のEU脱退や大陸各国での右派政党の台頭といった現象も、似たようなアポリアをわれわれに突き付けている。本書の出版が時宜を得ていると考える所以だ。

†宗教原理主義という問題

本書は三部構成となっている。第Ⅰ部「反動の思想家たち」は、近代を批判的に見て抗った二〇世紀の三人の思想家たちの評伝だ。リラが傾倒したバーリンの系譜に連なるエッセーである。バーリンの著作のほとんどは雑誌や学術誌への寄稿、あるいは（ラジオを含めた）講演原稿で、一部は『ニューヨーク・レビュー・オブ・ブックス』に掲載された。その意味で、本書の前半もバーリン的といえる。

リラによる個々の思想家の評価については、それぞれ雑誌記事として紙幅も限られ、専門研究者から見れば足りないところも、異論もあろう。これらの評伝でリラがいわんとしたことは、序章で筆者自身が要約しているし（一六〜一九頁）、評伝自体もさほど長くはないから、ここで要約はしない。テキストに直接当たられたい。ただ、これら評伝は、新しい研究書などが出版された機会に現代の課題に寄り添うかたちで『ニューヨーク・レビュー・オブ・ブックス』に寄稿された。そのことにこそ意味がある。

ローゼンツヴァイクの評伝についていえば、二〇世紀はじめに相次いで起きた「宗教を求める戦い」を、二〇世紀末から今世紀にかけて起きている宗教原理主義《ファンダメンタリズム》の台頭という文脈で考えさせるところに現代性がある。初出は二〇〇二年一二月であり、ブッシュ（息子）政権とキリスト教原理主義や福音派の関係が注目されていた。進化論を否定するような無知な大衆が政治化して保守政権を支えていると、リベラル（進歩派）は批判的に見ていた。

しかし、その原点は一九世紀にキリスト教のみならず、ユダヤ教をも覆った自由主義《リベラル》神学に対する根源的な反撃にさかのぼる。プロテスタント教会における自由主義神学に対し反撃を起こしたのはスイスの神学者カール・バルト（一八八六〜一九六八）であり、科学主義、歴史主義、啓蒙思想、ブルジョア文化、国民国家……など近代的なものすべてに抗って信仰の回復を訴えた。バルト神学である。ユダヤ教の側でそれを行ったのがローゼンツヴァイクであった。リラのエッセーには言及されていないが、米国プロテスタント教会では二〇世紀はじめ、J・グレシャム・メイチェン（一八八一〜一九三七）が現れ、バルトやローゼンツヴァイクと同様の根源的批判をはじめ、原理主義という言葉の出発点となる（拙著『増補改訂版　追跡・アメリカの思想家たち』参照）。

バルトやローゼンツヴァイク、メイチェンに立ち返ることで、二一世紀に入っても決して終わることのない「宗教を求めての戦い」の思想的な原点を知れば、近代という時代の重層性、深さを知ることになろう。米国で、あるいは世界で起きている宗教原理主義の本質をそのようにして考えていけば、いたずらな摩擦を避けることができるはずである。リラのローゼンツヴァイク論は短い紙幅の中で、手際よくこの深い思想家の生涯をとらえ、感動的なかたちで提示している。感心する。

リラは、第Ⅰ部で取り上げた三人の思想家のうち、ローゼンツヴァイクをのぞく二人、フェーゲリンとシュトラウスは対になっていると述べ、この二人のドイツからの亡命思想家が戦後アメリカ保守思想史に与えた大きな影響を指摘した。しかし、ローゼンツヴァイクとフェーゲリンはそれぞれ宗教（ユダヤ教、キリスト教）の根源をさぐる思索を行った共通性があり、またシュトラウスとローゼンツヴァイクはともにユダヤ系ドイツ人の思想家として、ユダヤ思想史の中で考えて見ることができる。三人はさまざまな組み合わせで考察が可能だろう。

†シュトラウス学派とアメリカ右派

いま、このリラの評論集が注目される理由の一つは、レオ・シュトラウス論であろう。イラク戦争中の二〇〇四年当時に発表されたエッセーをもとにしているため、シュトラウスとアメリカの現実政治とのつながりは、その文脈で言及されている。たしかにリラもいうとおり、シュトラウスがイラク介入の思想的黒幕だというような疑いは見当違いであり、「ありえそうもないこと」だ。しかし、「シュトラウス学派とアメリカ右派の関係は本当だといってよい」。

実際にネオコン（新保守主義者）の始祖といわれた論客アーヴィング・クリストル（一九二〇～二〇〇九）はシュトラウスの影響を強く受けており、またアーヴィングの息子でイラク介入を強く主張して、世論に大きな影響を与えたウィリアム（ビル）・クリストルはシュトラウス学派の重鎮のハーヴァード大教授ハーヴェイ・マンスフィールドの薫陶を受けた。

いまはリベラル派とみなされているリラ自身、二〇代のころはネオコンの内政専門理論誌『パブリック・インタレスト』の編集者としてアーヴィングの下で働き、その娘と結婚した（のち離婚）。リラ自身もハーヴァード大でマンスフィールドに師事しており、シュトラウス学派の影響下にあった。つまり、かつてはネオコンの中枢にいたのである。

それだけに、本書のネオコンによる現実政治とシュトラウスおよびシュトラウス学派の関連の叙述は正鵠を射ている（九一〜九六頁）。元来シュトラウス思想に内在する近代批判、一九六〇年代のアメリカに訪れた文化的混乱、自然権の考え方に基づいて建国されたアメリカ国家が負うべき責任……こうした要因がシュトラウスの弟子の一部の中で暗黙の「教理」を形成し、半世紀あまりにわたってアメリカ政治を変えてきた。

リラの著述は触れていないが、二〇一六年の米大統領選挙を通じて起きたのは、この系譜とは別のシュトラウス学派の台頭であった。ネオコン路線で行きついたアメリカの現状に対し憤る有権者の力を借りてポピュリズムの波に乗って当選したのがトランプ大統領だった。それを側面で支えたのはシュトラウス思想を解釈して別のアメリカのあり方を考え、ネオコンと対立していたシュトラウス学派グループであった。これを、あらたな反動思想の問題としてとらえ直すことも可能である。

もっと直接的にトランプの回りでうごめいるのは、いわゆる「オルタナ右翼」（オルタナティブ・ライト＝もう一つの右翼の略称）だ。このグループは、アメリカの戦後保守主義運動から排除されてきた土着性・排外性《ネイティビズム》の強い集団や、長く続いたネオコン路線の中で思想闘争に敗れたグループなどを含む多様な集まりだが、「西洋の没落」（オスヴァルト・シュペングラー）の意識を根底に抱えている点が共通する。シュトラウスの「古代人の近代人に対する優位」を説いた近代批判、あるいは初期キリスト教史の段階で排斥されたグノーシス派と近代を関連づけて見るフェーゲリンの思想も、根底に「西洋の没落」の意識を抱えているのは明らかだ。

デイヴィッド・ブルックスがいったように、その没落の意識を受けて、アメリカは反動の時代にある。

†「西欧の没落」とその水脈

本書の第Ⅱ部「反動思想の潮流」と第Ⅲ部「反動による出来事」は、二〇世紀前半の知の巨人を扱った第Ⅰ部とは異なる。最近の思想家や、リラ自身が最近滞在したフランスで起きたテロ事件を題材に、第I部よりもずっとアクチュアルなかたちで反動思想を論じている。ここでも宗教あるいは神学の問題が大きい。

まず歴史家ブラッド・グレゴリーの著書『意図せぬ宗教改革』(二〇一五)を題材に、西洋近代の諸問題の根源を宗教改革、さらにさかのぼってスコラ哲学、グノーシス主義などに求めていく典型的な反動の議論が、現代も相変わらず更新され続けていることをリラは読者に教える。使徒パウロを革命のアイドルとする「左翼の反動」には、いささか閉口するが、リラの政治的立場を通しての見方であり、反論もあるだろう。

「反動による事件」は二〇一五年一月に起きたパリの風刺新聞「シャルリー・エブド」襲撃テロ事件と相前後して出版された二冊の本を軸に、今日のフランスにおける反動思想の問題を扱った評論である。一冊は事件の前年、二〇一四年のベストセラー第二位となった『フランスの自殺』。著者は保守系ジャーナリストのエリック・ゼムール。もう一冊は邦訳も出ているミシェル・ウエルベックの小説『服従』。二〇二二年、フランスがイスラム教徒の大統領を選び出し静かにイスラム教国になっていくという経緯を描く後者が出版されたのは、まさにシャルリー・エブド事件の日だった。

リラによれば、これら二作の背後にある思想は「西欧の没落」意識であり、文化的悲観主義である。西洋文明を破滅の道へと向かわせた過ちは、フランス革命や啓蒙思想を越えて中世あるいはその先に原点をたどることができるとする思想だ。二作の著者たちも含めたフランスの右派は、破滅の道の末に「いまや報いのとき」が来たと告げている。

こうした反動思想は、ド・メーストルからモーリス・バレス（一八六二〜一九二三）、ルイ＝フェルディナン・セリーヌ（一八九四〜一九六一）ら重要な作家の系譜に連なるが、戦後フランスではファシズム、ホロコーストを容認したものとして封印されていた。それがいまよみがえっているのだという。

しかし、話はそう単純ではないかもしれない。こうした「西欧の没落」意識は、また別の系譜でフランス思想界に流れ込んでいる。ドイツからの流れであり、重要な役割を持つのはハイデガーであろう。ハイデガーの向こうにはニーチェが控えている。二つの流れは戦中期にナチスに協力した『アクション・フランセーズ』系フランス知識人の中で合流して、文芸評論家モーリス・ブランショ（一九〇七〜二〇〇三）を通じジャック・デリダへとつながっていく。フランスの反近代思想とポストモダニズムの複雑なからみを考えざるをえない。フランス反近代主義を子細に検証した福田和也のデビュー作『奇妙な廃墟』（一九八九）が、そうした系譜をたどるうえで、大いに参考になるはずだ。

実は、トランプ大統領誕生の背後で動くアメリカ反動思想にも、似たようなかたちで二つの系譜が流れ込んでいる。それらの合流にはやはり第二次世界大戦が大きな意味を持つ。

フランス革命に抗したド・メーストルから始まる系譜に相当するのが、奴隷制を維持し続けようとした南部で生まれた反近代思想の系譜だ。この系譜は南北戦争を経て表面上は消えて伏流化する。もう一つは本書の第Ⅰ部が取り上げたフェーゲリンやシュトラウスら亡命知識人を通じて大戦期に欧州、主にドイツから持ち込まれた反近代思想の系譜だ。

トランプ現象のもたらした思想的混迷の中で、伏流化した南部反近代思想の系譜が顕在化し、シュトラウス思想もこれまでとは違った潮流が動き出している。

ひるがえって、日本はどうであろうか。「日本会議」の問題などを見ると、土着的な反動がうかがえる。欧州からの流れは、ポストモダニズムとして左翼の仮面を着けながら反近代主義運動＝反動を起こしているといえるかもしれない。

本書の翻訳は山本久美子氏があたり、監訳者が目を通して完成した。訳出の責任は監訳者にある。米国で緊急出版された原著をなるべく早く日本の読者にお届けすることを目指した。ＮＴＴ出版の山田兼太郎氏の熱意で早期の出版が可能になった。以上記して、山本氏、山田氏にそれぞれ感謝の意を表したい。

二〇一七年七月

[著者紹介]
マーク・リラ（Mark Lilla）
コロンビア大学教授。1956年、ミシガン州デトロイト生まれ。ネオコン系の『パブリック・インタレスト』誌、元編集委員。専門は政治哲学、政治神学。哲学あるいは宗教と政治権力の行使の関係を大きなテーマとして研究している。*New York Times* や *New York Review of Books* などに寄稿。著書に、『神と国家の政治哲学』(NTT出版、2011)、『シュラクサイの誘惑』(日本経済評論社、2005) など。

[監訳者紹介]
会田弘継（あいだ・ひろつぐ）
ジャーナリスト、青山学院大学教授。1951年、埼玉県生まれ。共同通信社ジュネーヴ支局長、ワシントン支局長、論説委員長などを経て、現職。アメリカと日本の保守思想や反動思想を大きなテーマとしている。著書に、『トランプ現象とアメリカ保守思想』(左右社、2016)、『追跡・アメリカの思想家たち』(新潮社、2008/中公文庫、2016) など。訳書に、フランシス・フクヤマ『政治の起源』(講談社、2013)、『アメリカの終わり』(講談社、2006) など。

[訳者紹介]
山本久美子（やまもと・くみこ）
翻訳家。1960年生まれ。ロンドン大学アジアアフリカ研究院博士課程修了（PhD）、東京大学大学院総合文化研究科超域文化科学専攻（表象文化論コース）博士課程中退。東京大学特任准教授を経て翻訳家に。訳書に『みんなの検索が医療を変える』（NTT出版、2017年）など。

難破する精神——世界はなぜ反動化するのか

2017年9月4日　初版第1刷発行

著　者　マーク・リラ
監訳者　会田弘継
訳　者　山本久美子

発行者　長谷部敏治

発行所　NTT出版株式会社
〒141-8654 東京都品川区上大崎3-1-1 JR東急目黒ビル
営業担当　TEL 03(5434)1010　FAX 03(5434)1008
編集担当　TEL 03(5434)1001
http://www.nttpub.co.jp/

装　幀　松田行正

印刷・製本　中央精版印刷株式会社

ISBN 978-4-7571-4349-4　C0031